Martin Simon

222 Übungen für ein perfektes Gedächtnis

Inhalt

Zahl um Zahl

Fakten, Fakten, Fakten

Bilder über Bilder

Das **Gedächtnis**
nimmt ab,
wenn man es nicht **übt.**

Marcus Tullius Cicero,
römischer Redner und Staatsmann
(106–43 v. Chr.)

Einführung

Computer und Notebooks, Handys und Palmtops ... Stets und überall haben wir heute solche Helfer um uns herum. Schließlich nehmen sie uns ja wirklich viel lästige Arbeit ab. So brauchen wir uns längst keine Telefonnummern mehr zu merken, denn die werden ja im Telefon gespeichert. Der Wasserverbrauch, den man im Keller nachschaut – er wird kurzerhand im Handheld notiert, damit man ihn auf dem Weg nach oben nicht vergisst. Oder: Wann war doch gleich der 30-jährige Krieg? Das muss man heute nicht mehr wissen. Dafür hat man ja Wikipedia oder Suchmaschinen, die anscheinend allwissend sind. Ja, selbst der Blick auf die Datumsanzeige mehrmals täglich ist schon normal – nicht einmal das brauchen wir uns noch zu merken.

Dumm nur, wenn der Akku leer ist oder die Technik streikt. Dann sind wir hilflos wie ein Kleinkind ohne seine Mutter. Wehmütig denken wir dann zurück an die Zeit, als wir noch Dutzende von Telefonnummern auswendig wussten, die Geburtstage von Freunden und Verwandten parat hatten, als jeder sich ganz ohne Elektronik nur mit Karten, Plänen und Büchern orientieren konnte. Wir waren angewiesen auf abrufbares Wissen und brauchten nicht im Internet nachzusehen, wann die erste Mondlandung war.

Sprechen Ihnen diese Zeilen aus der Seele? Finden Sie es auch bedenklich, dass unsere grauen Zellen nur noch auf der faulen Haut liegen angesichts all des Komforts? Dann ist dieses Buch für Sie gemacht. Es ist randvoll mit Übungen, die dafür sorgen, dass Sie ein Stück Unabhängigkeit von all der digitalen Info-Technik zurückgewinnen können. Bevor wir jedoch loslegen und unser Gedächtnis so richtig in Schwung bringen, ist es nützlich, einige Grundlagen kennenzulernen. Wenn wir wenigstens in Grundzügen begreifen, wie unser Gedächtnis funktioniert, was es beeinflusst und wie das Gehirn aufgebaut ist, hilft uns dieses Wissen später bei den Übungen.

Nicht wie ein Sieb – wie ein Netz!

Gedächtnis – das ist eine Leistung der bis zu 15 Milliarden Nervenzellen unseres Gehirns. Allein die Zahl ist schon imposant. Doch noch viel faszinierender ist die Fähigkeit der Gehirnzellen, Querverbindungen miteinander einzugehen, und das in nahezu unbegrenzter Anzahl. Die Speicherkapazität des Gehirns kann sich dadurch verzehntausendfachen. Hinzu kommt: Je mehr wir lernen, desto mehr Querverbindungen entstehen. Und – ein wunderbarer Effekt – je mehr von diesen Querverbindungen bereits existieren, desto leichter fällt es diesem Netz, weitere Querverbindungen zu bilden und immer dichter zu werden. Lernen fällt also umso leichter, je mehr Wissen da ist. Mit anderen Worten: Lernen kann man lernen. Einziges Hindernis: Aller Anfang ist schwer. Dies jedoch sollte uns nur motivieren, denn nun wissen wir: Das Gehirn ist trainierbar! Und noch ein altes Sprichwort gehört hierher: Ohne Fleiß kein Preis.

Zwei Hälften, die sich perfekt ergänzen ... können

Das Großhirn ist aus zwei Hemisphären (»Halbkugeln«) aufgebaut – der linken und der rechten. Jede der Hälften hat grundlegend verschiedene Fähigkeiten.

Links sitzt der »Grips«

Die Eigenschaften, die der linken Hälfte zugerechnet werden, haben in unserer Gesellschaft zumindest vordergründig einen höheren Stellenwert. In der Schule wird hauptsächlich linkshälftiges Denken gefordert und gefördert, und zwar:

- Sprache
- Abstraktionsfähigkeit
- Logik
- analytisches Denken
- Konzentration auf Details
- planvolles, schrittweises Arbeiten
- rationaler Verstand
- Bewusstsein

Das Gefühl sitzt rechts

Die rechte Hirnhälfte erkennt Bilder, Gesichter oder Wörter als Ganzes. Sie fühlt, verfügt über Intuition und räumliche Wahrnehmung. Die rechte Hälfte ist also zuständig für:

- Erkennen von Bildern
- räumliches Vorstellungsvermögen
- Fantasie, Kreativität
- Gefühle, Emotionen
- Unbewusstes
- simultanes Arbeiten
- Wahrnehmung, Intuition
- Musik, Kunst

Lernen geht nicht »mit links«

Man unterscheidet drei Lerntypen:

- **Visueller Lerntyp:** Dieser Typ stellt den Normalfall dar. Er lernt am besten durch Bilder.
- **Auditiver Lerntyp:** Für ihn sind die Ohren das wichtigste Aufnahmeorgan.
- **Haptischer Lerntyp:** Körperliche Bewegung kann diesem beim Lernen helfen.

Haben Sie gemerkt, was diesen drei Gruppen gemein ist? Sie beziehen sich alle auf rechtshirnseitige Funktionen: Bei Bildern, Klängen, Gefühlen und Sinnen ist ja die rechte Hälfte in ihrem Element. Es ist also keine Überraschung, dass unser Gedächtnis zu wahren Leistungssprüngen fähig ist, wenn wir die rechte Hirnhälfte so intensiv wie möglich beim Lernen einbeziehen. Das bedeutet: Wo immer es geht, sollten Sie fantasievolle Eselsbrücken erfinden, sich in die Lernmaterie einfühlen, sich im Geiste Bilder ausmalen, Ihre Gedanken mit Bewegungen begleiten und so weiter.

Nun bleibt uns aber nicht alles, was wir sehen, lesen oder erfahren, im Gedächtnis. Nein – Gott sein Dank vergessen wir fast alles, denn sonst würden wir verrückt werden. Unser Gehirn scheint sich nur das zu merken, was oft oder intensiv genug durch unsere Sinne aufgenommen wird.

Ultrakurzzeitgedächtnis

Alle Sinneswahrnehmungen – Bilder, Klänge, Gerüche, Worte, alle mentalen Eindrücke – bleiben für bis zu zwei Sekunden im so genannten sensorischen Gedächtnis haften. Fast alles davon ist danach gleich wieder vergessen. Bedeutsames kann es in die nächste Gedächtnisstufe schaffen.

Kurzzeitgedächtnis

Die meisten Menschen können sich kurzzeitig nicht mehr als sieben einzelne Ziffern merken; es sei denn, man bündelt sie zu Ziffergruppen und schafft so größere Informationseinheiten. Man spricht dabei auch vom »Arbeitsgedächtnis« – wie vom Arbeitsspeicher beim Computer. Wie dieser hat unser Kurzzeitgedächtnis eine sehr begrenzte Kapazität. Nach wenigen Sekunden vergisst man unweigerlich, was man nicht im Langzeitgedächtnis verankert hat. Im Kurzzeitgedächtnis werden nur Informationen verarbeitet und durchdacht, die momentan von Interesse sind. Um neue Inhalte aufnehmen zu können, muss es sich auch laufend wieder entleeren. Deshalb: Wenn Sie etwas behalten wollen, müssen Sie es ins Langzeitgedächtnis übertragen.

Langzeitgedächtnis

Im Gegensatz zu einer Computerfestplatte hat unser Langzeitgedächtnis unbegrenzten Speicherraum. Nichts muss gelöscht werden, um neues Material unterzubringen. Informationen, die hier angekommen sind, bleiben für immer darin gespeichert. Wenn wir etwas vergessen, liegt dies also nur daran, dass wir das Gespeicherte nicht wiederfinden.

Gedächtnistraining

Der Effekt von »Gehirn-Jogging« ist, dass wir lernen, möglichst schnell Wege und Verknüpfungen zu neuem Wissen zu bilden. Konzentration und Fantasie sind dabei zwei Schlüsselmethoden, die wir mit den Übungen in diesem Buch hervorragend trainieren können.

Wort für Wort

Sie wollen eine Fremdsprache lernen und
haben dafür viele Vokabeln zu pauken?
Sie möchten sich beweisen, dass Sie
im Supermarkt ohne Einkaufszettel aus-
kommen? Oder Sie möchten sich die
Bedeutung von Fremdwörtern einprägen,
die Sie zwar kennen, aber nicht präzise
erklären könnten?
In diesem Kapitel können Sie sich auf
derartige Aufgabenstellungen vorbereiten.
Es umfasst 41 kleine Übungen, die Ihr
Wörtergedächtnis in Schwung bringen.
Um Ihre grauen Zellen bei Laune zu halten,
finden Sie auch ab und zu eine Denksport-
aufgabe eingestreut.

1. Fürs Frühstück zum Bäcker: Beginnen wir mit einer einfachen Übung. Dazu stellen Sie sich bitte vor, Sie müssten zur Bäckerei, um etwas fürs Frühstück zu besorgen. Prägen Sie sich dazu die folgenden Artikel ein:

6 Tafelbrötchen
2 Brezeln
4 Croissants
5 Mohnbrötchen
3 Laugenbrötchen
1 Käsebrötchen

Blättern Sie nun um zu den Fragen auf der nächsten Seite.

2. Feine Köstlichkeiten: Beim Delikatessenladen wird es etwas schwieriger. Schaffen Sie es, sich auch diese Liste zu merken? Sie können sich zwei Minuten oder länger Zeit nehmen.

• Johannisbeersaft
• irischer Räucherlachs
• Kürbiskernpesto
• Olivenbruschetta
• Soja-Medaillons
• handgeschnittene Tajarin
• Cabernet Sauvignon
• deutsche Trüffel

Wenn Sie von etwas nicht wissen, wie es aussieht, dann machen Sie sich ein Fantasiebild davon. Wenn Sie etwa Tajarin (feine piemontesische Bandnudeln) nicht kennen, dürfen Sie sich auch handgeschnittene Lockenwickler vorstellen (solange es nur dem Zweck dient, sich die Liste zu merken). Je verrückter, desto einprägsamer.

1. Konnten Sie sich die Liste merken? Dann über-
prüfen Sie dies anhand einiger Fragen dazu.

1. Wie viele Mohnbrötchen sollen Sie einkaufen?
_____

2. Von welcher Backware werden 3 Stück gebraucht?
_____

3. Wie viele Brötchen stehen insgesamt auf der Liste?
_____

4. Nennen Sie die Artikel alphabetisch geordnet:
_____

5. Welche Paare von Artikeln ergeben zusammen 7 Stück?
_____

2. Gar nicht leicht, sich ein paar Waren zu merken!
Können Sie dennoch diese Fragen beantworten?

1. Wie viele verschiedene Getränke stehen auf der Liste?
_____

2. Welche Art Medaillons werden aufgeführt?
_____

3. Wie lautet der letzte aufgelistete Artikel?
_____

4. Welcher Saft soll gekauft werden?
_____

5. Was für ein Pesto wird genannt?
_____

6. Wie viele Artikel sind es insgesamt?
_____

7. Wie viele davon werden als zwei getrennte Wörter
   beschrieben?
_____

8. Welches der Lebensmittel kommt von einer Insel?
_____

3. Kunterbuntes Begriffemerken I: Diese Liste mit 20 Wörtern ohne inhaltlichen Zusammenhang sollen Sie sich einprägen. Entwerfen Sie dazu ein fantasievolles Bild vor Ihrem geistigen Auge.

Taube	Heimatland
Auto	Zwiebel
Nebel	Fußballstadion
Urlaubszeit	Tastatur
Spiegelbild	Erde
Mitternacht	Aristokrat
Schleier	Neandertaler
Vierbeiner	Supermarkt
Journalist	Prothese
Livemusik	Glotze

4. Kunterbuntes Begriffemerken II: Auch diese Liste sollen Sie sich einprägen. Nehmen Sie sich einige Minuten dafür Zeit. Vielleicht merken Sie dabei, dass es beim zweiten Mal schon etwas leichter fällt.

Kino	Augenbraue
Lippenstift	Pinguin
Unwetter	Zirkuszelt
Titanic	Radieschen
Wundsalbe	Angsthase
Spielplatz	Distel
Fallschirm	Gartenzwerg
Hosenträger	Juwel
Besenstiel	Marterpfahl
Löwenmähne	Italien

3. Im Vergleich zur Originalliste auf der Seite zuvor wurden hier einige Wörter ausgetauscht. Können Sie diese aus dem Gedächtnis ermitteln?

Taube	Heimatland
Auto	Kartoffel
Nebel	Fußballstadion
Ferienort	Tastatur
Spiegelbild	Erde
Sternenhimmel	Aristokrat
Schleier	Steinzeitmensch
Vierbeiner	Supermarkt
Redakteur	Prothese
Livemusik	Glotze

4. Holen Sie sich nun das Fantasiebild mit den auf der Vorderseite aufgelisteteten Begriffen ins Gedächtnis und versuchen Sie, sämtliche 20 Wörter wiederzugeben.

_____	_____
_____	_____
_____	_____
_____	_____
_____	_____
_____	_____
_____	_____
_____	_____
_____	_____
_____	_____

5. Schwarz-Weiß-Merkerei I: 20 Wortpaare, die jeweils einen Gegensatz ausdrücken, sollen Sie sich hier einprägen. Die Reihenfolge spielt dabei keine Rolle.

schnell – langsam	dafür – dagegen
teuer – billig	finden – verlieren
nehmen – geben	Erlaubnis – Verbot
Feind – Freund	Anfang – Ende
Stärke – Schwäche	Nähe – Ferne
Leben – Tod	dick – dünn
Hunger – Sattheit	Original – Kopie
Gewinner – Verlierer	richtig – falsch
tief – flach	schreien – schweigen
tauchen – schwimmen	Licht – Schatten

6. Schwarz-Weiß-Merkerei II: Unsere nächsten 20 Wortpaare sind schon schwieriger zu merken; viele davon sind abstrakter und werden in der Alltagssprache seltener gebraucht.

einmal – wiederholt	Schein – Münze
Gram – Wonne	Muße – Arbeit
achtsam – rabiat	verwegen – zaghaft
solide – wackelig	vergessen – merken
unhöflich – nett	plump – anmutig
tadeln – rühmen	unwirtlich – wohnlich
quer – entlang	Darlehen – Guthaben
Rache – Vergebung	streitbar – friedfertig
öde – fruchtbar	arglos – kritisch
Überfall – Abwehr	ganz – teilweise

5. Das waren recht einfache Paare. Können Sie hier den jeweils fehlenden Part ergänzen?

Verbot – _____		finden – _____	
Gewinner – _____		schreien – _____	
Licht – _____		Nähe – _____	
Freund – _____		Tod – _____	
dagegen – _____		dünn – _____	
Kopie – _____		Hunger – _____	
falsch – _____		flach – _____	
geben – _____		Ende – _____	
tauchen – _____		billig – _____	
schnell – _____		Stärke – _____	
Anfang – _____		Original – _____	
tief – _____		richtig – _____	

6. Diese Paare sind etwas schwieriger. Erinnern Sie sich an die jeweils fehlenden Wörter?

merken – _____		zaghaft – _____	
entlang – _____		Wonne – _____	
fruchtbar – _____		Schein – _____	
kritisch – _____		Muße – _____	
einmal – _____		ganz – _____	
anmutig – _____		rühmen – _____	
Abwehr – _____		streitbar – _____	
achtsam – _____		Rache – _____	
Darlehen – _____		wohnlich – _____	
Münze – _____		wackelig – _____	
nett – _____		Überfall – _____	
tadeln – _____		Gram – _____	

7. Von A bis Z – I: Prägen Sie sich diese Tabelle ein. Es handelt sich um vier Oberbegriffe mit jeweils sechs Unterbegriffen, wobei alle 24 Unterbegriffe unterschiedliche Anfangsbuchstaben haben.

Autoteil	Beruf	Pflanze	Dienstgrad
Sitz	Zahnarzt	Pilz	Major
Bremse	Ingenieur	Unkraut	Jäger
Dach	Optiker	Quecke	Funker
Ventil	Architekt	Weide	Kadett
Lenkrad	Tischler	Eiche	Rekrut
Heck	Chemiker	Nelke	General

Mal was anderes: Buchstabensuchspiel

Suchen Sie der Reihe nach die Buchstaben des Worts ERDÖLDESTILLATIONSRÜCKSTAND.

Y S T R W A T S Y E I U Ö A
Ü L O D C D R J N T K
L Z S U D P G I N L E

8. Von A bis Z – II: Auch in dieser Auflistung kommen alle Anfangsbuchstaben der Unterbegriffe nur einmal vor. Prägen Sie sich die Tabelle innerhalb von etwa drei Minuten ein.

Stadt	Land	Fluss	Name
Hongkong	Uruguay	Iller	Mieke
Riga	Bulgarien	Ob	Christian
Nairobi	Peru	Tigris	Xaver
Erfurt	Simbabwe	Aare	Gerda
Venedig	Finnland	Wolga	Kurt
Quito	Jemen	Donau	Louis

*7. Notieren Sie die Oberbegriffe der Wörter,
die mit folgenden Buchstaben beginnen.*

S: _____   H: _____

P: _____   T: _____

E: _____   F: _____

W: _____   B: _____

Q: _____   L: _____

K: _____   V: _____

C: _____   M: _____

N: _____   R: _____

D: _____   A: _____

O: _____   G: _____

*8. Notieren Sie die Oberbegriffe der Wörter,
die mit folgenden Buchstaben beginnen.*

F: _____   N: _____

S: _____   J: _____

O: _____   E: _____

A: _____   M: _____

G: _____   D: _____

K: _____   X: _____

P: _____   H: _____

B: _____   Q: _____

R: _____   L: _____

C: _____   I: _____

9. Verrückte Haustiere: Lisa hat viele Haustiere, und jedem von ihnen hat sie einen Fantasienamen gegeben. Können Sie sich diese einprägen?

Katze: Malinga

Hund: Beppino

Hamster: Schani

Wellensittich: Migo

Kaninchen: Blasinga

Goldfisch: Moranga

Meerschweinchen: Sasisia

Maus: Fipilito

Pony: Lullio

10. Bunte Wohnungseinrichtung: Ton in Ton ist nicht Tonis Welt. Bei ihm zu Hause haben viele Möbelstücke verschiedene Farben. Machen Sie sich ein Bild von Tonis Wohnung und stellen Sie sich die Möbel konkret vor, dann können Sie sich auch deren Farben leichter merken.

Sofa: violett

Esstisch: hellgrün

Kleiderständer: gelb

Flurkommode: dunkelblau

Stühle: grau

Wohnzimmertisch: orange

Wohnzimmerschrank: rosa

Sessel: rot

Bücherregal: braun

9. Haben Sie sich die Namen der Tiere merken können? Dann beantworten Sie nun folgende Fragen.

1. Wie heißt der Hamster?

2. Welche Namen haben die Tiere, die mit M beginnen?

3. Welches Tier heißt Lullio?

4. Welche Tiere sind normalerweise kleiner als das Kaninchen?

5. Welches Tier trägt den Namen Malinga?

6. Welchen Namen bekam die Maus?

10. Können Sie sich an die vielfarbige Wohnungseinrichtung erinnern?

1. Welches Möbelstück ist gelb?

2. Welche Möbel beginnen mit S?

3. Welche Farbe weist das Bücherregal auf?

4. Welche Farbe hat der Esstisch?

5. Welche Möbel haben Farben, die mit R beginnen?

6. Welche Möbelstücke haben Namen, die aus zwei Hauptwörtern zusammengesetzt sind?

11. Wörterquadrat: Prägen Sie sich bitte folgende zwölf Buchstaben ein.

T	O	P	F
E	R	D	E
P	I	R	A

12. Fremde Schreibweise: Sie müssen bei folgenden Wörtern nicht deren Bedeutung lernen, sondern nur auf die korrekte Schreibweise achten.

Echeveria	Hygrochasie
Dysteleologie	Umbellifere
Therophyt	Chansonniere
Saprophage	Bhagawadgita
Antarthritikum	Funiculaire
Quinquagesima	Samkhja
Pikkolo	Nitroglyzerin
Kompossibilität	faute de mieux

13. Bedeutende Fremdwörter I: Diesmal sollen Sie die Bedeutung der Fremdwörter lernen. Versuchen Sie, sich alles in zwei Minuten einzuprägen.

Odontalgie	=	Zahnschmerz
Petulanz	=	Ausgelassenheit
Mogigraphie	=	Schreibkrampf
Larynx	=	Kehlkopf
Poetaster	=	Dichterling
imperzeptibel	=	nicht wahrnehmbar
Doromanie	=	Schenksucht

11. Welche dieser Wörter lassen sich aus den bis zu zwölf Buchstaben bilden? Markieren Sie diese Wörter mit einem Häkchen.

❏ PIRAT ❏ DOSE

❏ REITPFERD ❏ PARODIE

❏ OFEN ❏ PFORTE

❏ BROT ❏ PAPIER

❏ TREPPE ❏ ORDER

12. Viele Wörter sind hier falsch geschrieben. Versehen Sie alle richtig geschriebenen mit einem Häkchen.

❏ Antartrithikum ❏ Hydrocasie

❏ Quinquagesima ❏ Umbelifere

❏ Echefferia ❏ Funiqulaire

❏ Saphropage ❏ Distheleologie

❏ Baghawathgita ❏ faute de mieux

❏ Channsoniere ❏ Kompossibilität

❏ Therophyt ❏ Pikkolo

❏ Samkhja ❏ Nitroglyzerin

13. Tragen Sie hier die richtigen Fremdwörter ein.

Schreibkrampf = _____

nicht wahrnehmbar = _____

Zahnschmerz = _____

Schenksucht = _____

Kehlkopf = _____

Ausgelassenheit = _____

14. Fiktive Fremdwörter I: In der Liste unten sehen Sie zwölf Fantasiewörter. Prägen Sie sich deren Schreibweise genau ein. Auf der Rückseite sollen Sie Tippfehler entdecken.

Kamulli
Oworejka
Zilitzkijewu
Bannokop
Chaunildinumba
Glischei
Quirch
Tabolikma
Hifeide
Nodklo
Jukuss
Magmienie

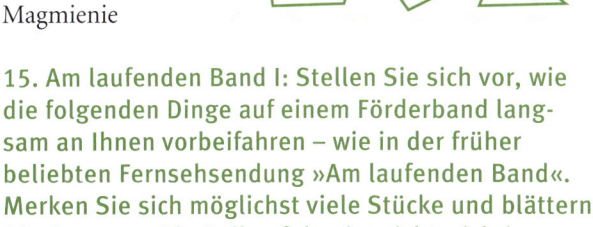

Lockerung: Rechtsabbieger

Zählen Sie, wie oft der Weg einen Knick nach rechts macht.

15. Am laufenden Band I: Stellen Sie sich vor, wie die folgenden Dinge auf einem Förderband langsam an Ihnen vorbeifahren – wie in der früher beliebten Fernsehsendung »Am laufenden Band«. Merken Sie sich möglichst viele Stücke und blättern Sie dann um. Die Reihenfolge ist nicht wichtig.

– Fahrrad – Digitalkamera – Basketball –
– LCD-Fernseher – Backofen – Puppe –
– Rotwein – Sparschwein – Laptop – Handy –
– Gitarre – Bügelbrett – Staubsauger – Tischlampe –
– Lautsprecher – Fotoalbum – Schere –
– Bierfass – Videorecorder – Blumenstrauß –
– Dreirad – Umhängetasche – Drucker –
– Kopfhörer – Lippenstift – Wandgemälde –
– Kugelschreiber – Perücke –
– Zahngold – Nasenhaarschneider –

14. Manche der Wörter weisen hier einen oder mehrere »Tippfehler« auf. Können Sie die abweichenden Schreibweisen entdecken und jeweils die ursprüngliche danebenschreiben?

Kanulli _____

Owulejka _____

Zifitzkijewo _____

Bannokop _____

Chaunildinumba _____

Glischie _____

Quinch _____

Tadolikma _____

Hifeide _____

Notglo _____

Juckuss _____

Magminnie _____

15. Welche Artikel konnten Sie im Gedächtnis behalten? Notieren Sie hier alle, die Sie noch wissen.

_____

_____

_____

_____

_____

_____

_____

_____

_____

_____

16. Schmackhaftes Tischleindeckdich: Folgendes sollen Sie sich bitte einprägen.

1 Birne	3 Bananen	2 Äpfel
3 Orangen	1 Obstschale	3 Gläser
1 Flasche	2 Messer	1 Löffel

Buchstabenspiel: Wortbaukasten

Welche Wörter können Sie im Buchstabenfeld finden? Sie dürfen auf jedem Feld beginnen und dann beliebig horizontal, vertikal oder diagonal auf Nachbarfelder springen.

E	D	R	A
M	I	N	G
H	R	E	K
T	U	F	L

17. Vier Aufgaben: Prägen Sie sich bitte folgende Aufgaben ein, an die Sie sich auf der nächsten Seite erinnern und welche Sie schließlich lösen sollen.

1. Finden Sie fünf Wörter mit der Endung »tion«.
2. Finden Sie drei Wörter mit vier Silben.
3. Finden Sie vier Wörter mit einem Doppel-t.
4. Finden Sie sechs Wörter, die mit C beginnen.

18. Kinderlieder: Merken Sie sich diese lückenhaften Zeilen aus Kinderliedern.

1. Ein … steht im Walde, ganz still und stumm
2. Der Kuckuck und der …, die hatten einen Streit
3. … klein ging allein in die weite Welt hinein
4. Alle meine … schwimmen auf dem See
5. ABC, die Katze lief im …
6. Häschen in der … saß und schlief.

16. Seien Sie kreativ und skizzieren Sie aus den eben gemerkten Dingen ein Stillleben.

17. Erinnern Sie sich an die Aufgabenstellungen und lösen Sie sie hier.

1. _____
2. _____
3. _____
4. _____

18. Erinnern Sie sich an die Kinderlieder? Notieren Sie hier die fehlenden Wörter.

1. _____
2. _____
3. _____
4. _____
5. _____
6. _____

19. Wohnungsparcours: Prägen Sie sich folgende Wörter in der gegebenen Abfolge genau ein. Stellen Sie sich zum Beispiel einen Spaziergang durch die Wohnung vor, bei dem Sie an den genannten Möbel vorbei schreiten.

▶ TISCH ▶ STUHL ▶ BETT ▶ SCHRANK
▶ VITRINE ▶ COUCH ▶ SESSEL ▶ SIDEBOARD
▶ KÜHLSCHRANK ▶ HOCKER ▶ STEHPULT
▶ ECKBANK ▶ WÄSCHETRUHE

20. Wörtliches Allerlei: Merken Sie sich bitte diese Wörter. Stellen Sie sich dabei deren Bedeutung bildhaft vor. Die Reihenfolge ist hier nicht wichtig.

GESANG · TANZ · ESSEN · GETRÄNK
PFIFF · KUSS · TROMMEL · KLEBER
SCHNITT · SPRUNG · HOFFNUNG

21. Sonderbare Märchenwörter: In den folgenden Text sind einige Fantasiewörter eingestreut. Sie sollen den Text durchlesen und sich dabei die neuen Wörter genau einprägen.

Eines Tages wünscht sich die knömige Königin sehnlichst ein Kind. An einem kalten Pollambug sitzt sie am Fenster, das einen Wiklas aus Ebenholz hat und vumbert. Beim Betrachten der Schneeflocken wird sie kelaktiert und sticht sich mit der Nähnadel in den Fächis. Als sie das Blut auf den Nugg tropfen sieht, sagt sie verträumt: »Ach, hätt' ich doch ein Kind, so hild wie Schnee, so rot wie Ulb, und so schwarz wie das Holz an dem Wiklas.« Nach Schneewittchens Gamenk stirbt ihre Mutter. Und ein Krohm später nahm sich der König eine andere Wumbosel.

19. Schreiben Sie hier jeden zweiten der Einrichtungsgegenstände in der richtigen Reihenfolge auf.

_____

_____

_____

_____

20. Denken Sie nun an die Wörter auf der Vorderseite. Was machen wir da alles?
(Beispiel: GESANG ▶ wir singen)

▶ Wir _____   ▶ Wir _____

▶ Wir _____   ▶ Wir _____

▶ Wir _____   ▶ Wir _____

▶ Wir _____   ▶ Wir _____

▶ Wir _____   ▶ Wir _____

21. Können Sie in diesem Lückentext alle fehlenden Wörter eintragen?

Eines Tages wünscht sich die _____ Königin sehnlichst ein Kind. An einem kalten _____ sitzt sie am Fenster, das einen _____ aus Ebenholz hat und _____. Beim Betrachten der Schneeflocken wird sie _____ und sticht sich mit der Nähnadel in den _____. Als sie das Blut auf den ____ tropfen sieht, sagt sie verträumt: »Ach, hätt' ich doch ein Kind, so ___ wie Schnee, so rot wie ___, und so schwarz wie das Holz an dem _____.« Nach Schneewittchens _____ stirbt ihre Mutter. Und ein _____ später nahm sich der König eine andere _____.

22. Von A bis Z – III: Prägen Sie sich diese Tabelle ein. Es handelt sich um vier Kategorien mit jeweils sechs Unterbegriffen, wobei alle 24 Unterbegriffe unterschiedliche Anfangsbuchstaben haben.

Farbton	Frucht	Fischart	Fixstern
Violett	Eichel	Hai	Kastor
Umbra	Grapefruit	Xiphias	Canopus
Oliv	Zwetschge	Aal	Deneb
Safran	Limone	Neunauge	Wega
Mausgrau	Quitte	Inger	Rigel
Bronze	Tomate	Flunder	Pollux

Lesegymnastik: Chaostext

Hier fällt das Lesen schwer. Streichen Sie wenigstens die falschen Buchstaben.

GEDÄCHQTNI STRAEI NINGSOL LSPR ASSMA CHTENDAB EIDARUFA BERAUCHA BWECHS LWUN GNICH TZUKUZ RZKOM IMENE TWOASLOC KEGRESGEHI RLNJOGGINGZ W ISCCHEND DVUR CHTUN TDAGAPN ZGMUT

23. Von A bis Z – IV: Auch in dieser Liste sind alle Anfangsbuchstaben bei den Unterbegriffen nur einmal enthalten. Prägen Sie sich die Tabelle ein.

Gewürz	Kleidung	Edelstein	Haustier
Dill	Pulli	Jade	Hahn
Wermut	Talar	Zirkon	Esel
Minze	Uniform	Achat	Ochse
Nelke	Reithose	Quarz	Lamm
Ingwer	Volant	Beryll	Ganter
Fenchel	Sakko	Citrin	Kamel

22. Notieren Sie die Oberbegriffe der Wörter, die mit folgenden Buchstaben beginnen.

B: _____   G: _____

E: _____   T: _____

P: _____   A: _____

K: _____   Q: _____

U: _____   S: _____

C: _____   F: _____

X: _____   M: _____

N: _____   I: _____

V: _____   H: _____

D: _____   R: _____

23. Notieren Sie die Oberbegriffe der Wörter, die mit folgenden Buchstaben beginnen.

Q: _____   H: _____

D: _____   O: _____

I: _____   V: _____

P: _____   E: _____

C: _____   U: _____

B: _____   F: _____

S: _____   M: _____

A: _____   N: _____

K: _____   W: _____

L: _____   G: _____

24. Die Werkstatt im Keller: Neugierig durchstöbern Susi und Peter Opas alte Werkstatt. Was sie da nicht alles finden ... Können Sie sich bitte die folgenden Stücke gut einprägen?

Schere
Hammer
Schraubenzieher
Nägel
Batterien
Zwirn
Stecknadel
Stoffreste
Kugelschreiber
Bleistiftspitzer
Zange

Adam Riese: **Lücken füllen**

Setzen Sie die fehlenden Rechenzeichen (+, –, x oder :) ein.

$3 \_\_ 4 \_\_ 7 = 5$

$8 \_\_ 1 \_\_ 6 = 13$

$2 \_\_ 2 \_\_ 9 = 10$

$5 \_\_ 2 \_\_ 3 = 7$

$4 \_\_ 4 \_\_ 5 = 3$

25. Wir ziehen zusammen! Annika und Uwe sind verliebt. Nun wollen sie miteinander wohnen. Am Umzugstag bringen sie folgendes mit:

Uwe:	Annika:
Bett	Kaffeemaschine
Stereoanlage	Föhn
Computer	Gardinen
Waschmaschine	Couchtisch
Regal	Schreibtisch
Kaktus	Fernseher
Sofa	Stühle
Wohnzimmerschrank	Esstisch
Kühlschrank	Teppich
Kissen	Telefon
Lampe	Mikrowelle

24. Welche Gegenstände aus der Werkstatt
helfen jeweils bei diesen Situationen?

Peters Socke hat ein Loch.

▶ _____

Susis MP3-Spieler wird immer leiser.

▶ _____

Am Hemd von Papa hängt ein Faden herunter.

▶ _____

Opas Bleistift ist stumpf.

▶ _____

Peters Kindergartentäschchen soll beschriftet werden.

▶ _____

Susi will ein Poster an die Wand hängen.

▶ _____

Ein Scharnier am Schrank ist locker geworden.

▶ _____

25. Annika und Uwe trennen sich leider, und jeder
zieht in eine andere Wohnung. Wem gehört was?
Wer hat was mitgebracht? Notieren Sie bei den Din-
gen den Namen des jeweiligen Besitzers.

26. Wörterreigen: 20 Wörter sollen Sie sich hier gut durchlesen und möglichst sicher einprägen. Auf der nächsten Seite sind diese Wörter mit vertauschten Buchstaben dargestellt. Dort sollen Sie die Originalwörter erkennen.

Diktator	Seilbahn
Zahnkranz	Karriere
Skatabend	Explosion
Beschleunigung	Grundsatz
Rechtsnorm	Venedig
Charakterbild	Skilanglauf
Verwandter	Nikolaikirche
Satisfaktion	Schmarotzer
Instinkt	Eulenspiegel
Struktur	Reflektion

27. Aussteuer: Elisabeth heiratet ihren Oliver. Sie hat für ihre Eltern einen Wunschzettel mit der gewünschten Aussteuer geschrieben. Prägen Sie sich diese Wünsche bitte ein.

Eierkocher
Speiseservice
Töpfe
Sektflöten
Kochlöffel
Kaffeemaschine
Espressotassen
Weingläser
Pfannenwender
Toaster
Kaffeeservice
Küchenmaschine
Schüsseln
Messerset

Brückenbauen: **Wortfindung**

Suchen Sie möglichst viele Wörter mit den vorgegebenen Anfangs- und Endbuchstaben.

W _____ G

A _____ N

M _____ E

T _____ L

R _____ T

*26. Einige der Wörter sind hier mit durcheinander-
gebrachten Buchstaben aufgelistet. Erkennen Sie
die Originalwörter? Notieren Sie sie jeweils darunter.*

RRERAEIK	RTRUTUKS
IKRTATOD	XPONSILOE
HAADRKTECRBIL	EGDNEVI
ERRAVNDWTE	ULELSPINEGEE
ATSSNFAIKTIO	AHNZZRKAN
NNTSTIIK	KATADBESN
ENFLKTIEOR	CRHMOSATRZE

*27. Elisabeths Liste ist verschwunden. Können
Sie den Eltern helfen, das Richtige zu besorgen?*

28. Zwölf Liebespaare: Können Sie sich diese Kombinationen einprägen?

Ralf + Sabine

Larissa + Thomas

Bernhard + Luise

Markus + Elfriede

Tamara + Harald

Albert + Michaela

Alexandra + Gustav

Karl + Ursula

Petra + Jakob

Tobias + Beate

Max + Fiona

Martina + Christian

Köpfchen: Redensarten

Welche Redewendungen fallen Ihnen ein, die das Wort »Kopf« enthalten?

_____

_____

_____

_____

_____

29. Schwarz-weiß-Merkerei III: 20 Wortpaare, die einen Gegensatz ausdrücken, sollen Sie sich hier einprägen.

freiwillig – gezwungen	ruppig – galant
irreal – wirklich	Partner – Rivale
Sieg – Niederlage	ängstlich – schneidig
Anzug – Kleid	träge – flott
faulenzen – schuften	Einsatz – Erlös
herb – lieblich	Dilettant – Profi
sonnig – wolkig	blank – schmutzig
Christ – Heide	Ausfuhr – Import
gewiss – unsicher	Ordnung – Chaos
morgen – gestern	holen – bringen

28. Wer ist mit wem zusammen? Ergänzen Sie bitte.

Elfriede + _____

Albert + _____

Tobias + _____

Thomas + _____

Martina + _____

Bernhard + _____

Fiona + _____

Sabine + _____

Jakob + _____

Ursula + _____

Markus + _____

Alexandra + _____

29. Tragen Sie hier das jeweils fehlende Gegenstück ein, sodass die Paare wieder komplett sind.

herb – _____		Christ – _____	
flott – _____		Import – _____	
galant – _____		Sieg – _____	
schneidig – _____		Erlös – _____	
Heide – _____		morgen – _____	
irreal – _____		schmutzig – _____	
Dilettant – _____		gezwungen – _____	
wolkig – _____		wirklich – _____	
Ordnung – _____		Partner – _____	
Kleid – _____		bringen – _____	
Profi – _____		schuften – _____	
unsicher – _____		träge – _____	

30. Fremdwörter: Lernen Sie die Schreibweise dieser Wörter auswendig. Die Bedeutung spielt für diese Übung keine Rolle.

Reliefintarsie	Quadriennale
Detachement	larghetto
Presbyakusis	Penthemimeres
Millefioriglas	Vasodilatator
Chateaubriand	Antaphrodisiakum
Sansculotte	Nolimetangere
idiolektal	Katachresis
Evaporographie	Orangenrenette

31. Kunterbuntes Begriffemerken III: Diese Liste von Wörtern ohne inhaltlichen Zusammenhang sollen Sie sich einprägen. Entwerfen Sie dazu ein fantasievolles Bild vor Ihrem geistigen Auge.

Tomate	Zementsack
Regen	Gartengrill
Kreissäge	Golfball
Trampolin	Juwel
Bücherregal	Klavier
Veilchen	Zahnbürste
Nebel	Ei
Komposthaufen	Affe
Laufrad	Eimer
Zahnlücke	Propeller
Seil	Tinte
Rauch	Parkplatz
Teich	Döner
Gartenzwerg	Rotwein
Tanne	Brautschleier
Pool	Autoreifen
Eichhörnchen	Geldmünze

30. Viele Wörter sind hier falsch geschrieben. Versehen Sie alle richtig geschriebenen mit einem Häkchen.

- ❏ Phentemimeres
- ❏ Orangenrennette
- ❏ idiolekthal
- ❏ Katacharesis
- ❏ Quadriennale
- ❏ Presbyakusis
- ❏ Anthaprodisiakum
- ❏ largettho

- ❏ Milefioriglas
- ❏ Sansculotte
- ❏ Nolimetangere
- ❏ Detachemend
- ❏ Chataubriand
- ❏ Evaporagraphie
- ❏ Reliefintharsie
- ❏ Vasodilatator

31. Im Vergleich zur Originalliste haben sich hier einige neue Wörter eingeschlichen; andere wiederum fehlen. Können Sie bestimmen, welche der folgenden Wörter nicht auf der Liste stehen?

- ❏ Veilchen
- ❏ Affe
- ❏ Nebel
- ❏ Gartenzwerg
- ❏ Kebap
- ❏ Tanne
- ❏ Rotwein
- ❏ Zementsack
- ❏ Regen
- ❏ Kübel
- ❏ Eichhörnchen
- ❏ Tinte
- ❏ Trampolin
- ❏ Parkplatz
- ❏ Haarbürste
- ❏ Seil
- ❏ Grillstelle

- ❏ Kreisel
- ❏ Motorsäge
- ❏ Geldmünze
- ❏ Misthaufen
- ❏ Brautschleier
- ❏ Apfel
- ❏ Diamant
- ❏ Zahnlücke
- ❏ Autoreifen
- ❏ Nebel
- ❏ Ei
- ❏ Bücherregal
- ❏ Flügel
- ❏ Teich
- ❏ Laufrad
- ❏ Tennisball
- ❏ Pool

32. Von A bis Z – V: Prägen Sie sich diese Tabelle ein. Sie enthält vier Rubriken mit jeweils sechs Begriffen, wobei alle 24 Begriffe unterschiedliche Anfangsbuchstaben haben.

Pilz	Alpenfluss	Handwerker	Musiker
Egerling	Inn	Uhrmacher	Hornist
Morchel	Lech	Fleischer	Cellist
Ziegenlippe	Traun	Weber	Querflötist
Nebelkappe	Aare	Dreher	Klarinettist
Judasohr	Rhein	Optiker	Bassist
Steinpilz	Po	Gerber	Vokalist

33. Am laufenden Band II: Versuchen Sie sich möglichst viele der folgenden Gegenstände einzuprägen. Pro Artikel können Sie sich etwa drei Sekunden Zeit nehmen. Blättern Sie dann um. Die Reihenfolge ist nicht wichtig.

– Wanderschuhe – Pfeffermühle – Ohrringe –

– Topflappen – Tortenheber – Heckenschere –

– Kerze – Backblech – Trompete –

– Dreirad – Hammer – Glocken –

– Unterhemd – Wandteppich – Lexikon –

– Trinkhalm – Schuhkarton – Türklinke –

– Kartoffelsack – Bilderrahmen – Manschettenknöpfe –

– Schildkröte – Dudelsack – Bierkrug –

– Strandkorb – Lasso – Briefkasten –

– Zirkuszelt – Opernglas – Kanu –

Buchstaben-Methoden

Wie man sich Buchstaben-Kombinationen sicher einprägt

Stellen Sie sich vor, Sie werden Zeuge eines Unfalls mit Fahrerflucht. Sie erkennen zwar gerade noch das Nummernschild des flüchtenden Fahrzeugs, haben aber keinen Stift dabei, um das Kennzeichen aufzuschreiben. Was tun nun die meisten von uns? Sie wiederholen die Zeichenfolge immer und immer wieder in der Hoffnung, sie so nicht zu vergessen. Doch wir behalten etwas nur sehr schwer im Gedächtnis, wenn es nicht mit anderen Dingen verknüpft wird. Und wie überall gibt es auch bei Buchstabenfolgen ein paar Tricks, auf methodische Art Eselsbrücken zu finden.

Eine Methode ist die **Vokalfüllung**. Sie kann meist dann zum Einsatz kommen, wenn Sie sich zwei Konsonanten merken müssen. Vor, zwischen oder nach diesen Mitlauten dürfen beliebig viele Selbstlaute (Vokale) gesetzt werden, um ein Wort zu bilden. Nehmen wir beispielsweise die Buchstabenkombination GZ und machen daraus »Geiz«. Oder LP und merken uns »Lupe«.

Bei zwei oder mehreren Buchstaben – egal ob Vokale oder Konsonanten – leistet die **Methode der Anfangsbuchstaben** hervorragende Dienste. Sie bilden dabei zusammengesetzte Wörter (Wörter also, die sich aus mehreren Wörtern zusammensetzen) und nehmen die zu merkenden Einzelbuchstaben als jeweilige Anfangsbuchstaben. Beispiel: GW könnte einprägsamer ein Geisterwald sein. Wenn es mehr Buchstaben sind, können auch Sätze gebildet werden. JST etwa merken wir uns nachhaltiger mit »Jürgen spielt Trompete«.

Doch je länger die Buchstabenketten werden, desto schwieriger wird es für Methoden der Wort- oder Satzbildung. Dann müssen eben ganze **Geschichten** her!

Doch wie macht man aus Buchstaben Geschichten? Ganz einfach: Indem wir aus **Buchstaben Bilder** machen und aus den Bildern dann einen fantasievollen Ablauf konstruieren. Doch dazu müssen wir etwas Vorarbeit leisten. Für alle 29 Buchstaben des Alphabets sollten wir uns feststehende einprägsame Bildbeispiele zurechtlegen. Die folgende Liste bietet Ihnen dafür Beispielvorgaben, die wir gefunden haben. Sie können aber auch andere Bilder wählen.

A = Auto	K = König	U = Ufo
B = Banane	L = Löwe	V = Vogel
C = Chor	M = Mund	W = Wolke
D = Dieb	N = Nuss	X = X-Beine
E = Ente	O = Ohr	Y = Yoga
F = Fuß	P = Pilot	Z = Zahn
G = Gold	Q = Quirl	Ä = Äquator
H = Hund	R = Riese	Ö = Öl
I = Indianer	S = Schaf	Ü = Überfall
J = Jodler	T = Treppe	

Stellen Sie sich vor, Sie müssten sich die Buchstaben-Kombination **EGHBS** ganz sicher einprägen. Dann sollten Sie vielleicht eine Minute Zeit investieren und sich eine verrückte Geschichte dazu einfallen lassen, die Sie nicht so leicht vergessen. Wie wäre es für dieses Beispiel mit dem selbst erdachten Märchen »Goldente«:

»Eines Tages war es wieder so weit. Unsere **E**nte produzierte ein **G**oldstück. Dies sah der freche, verspielte **H**und des Nachbarn, schnappte es ihr kurzerhand weg und rannte in Windeseile davon. Er kam jedoch nicht weit, denn in seiner Hast übersah er die **B**anane auf dem Boden, auf der er spektakulär ausrutschte, sodass das **S**chaf, das dies mit ansah, lauthals meckernd lachen musste.«

Achten Sie darauf, dass die Reihenfolge nachvollziehbar bleibt. Zuerst war die Ente, dann das Goldstück, dann der Hund, dann die Banane und zum Schluss lacht das Schaf.

32. Notieren Sie die Oberbegriffe der Wörter,
die mit folgenden Buchstaben beginnen.

K: _____   E: _____

G: _____   N: _____

O: _____   R: _____

C: _____   F: _____

U: _____   Z: _____

D: _____   I: _____

P: _____   L: _____

B: _____   S: _____

T: _____   Q: _____

J: _____   A: _____

33. Welche Artikel konnten Sie im Gedächtnis
behalten? Notieren Sie alle, an die Sie sich erinnern.

_____

_____

_____

_____

_____

_____

_____

_____

_____

_____

_____

34. Fünf Aufgaben: Diesmal prägen Sie sich bitte die folgenden fünf Aufgabenstellungen ein. Auf der nächsten Seite sollen Sie sich an die Aufgaben erinnern und sie schließlich lösen.

1. Finden Sie drei Wörter, die sich reimen.
2. Finden Sie zwei Wörter mit identischen Anfangs- und Endbuchstaben.
3. Finden Sie sieben Wörter mit fünf Silben.
4. Finden Sie fünf Wörter, die mit W beginnen.
5. Finden Sie vier Wörter, die einen Doppelvokal enthalten.

35. Bücherkiste: Rainer soll Silke aus der Stadt einen ganzen Stapel Bücher zu den verschiedensten Themen mitbringen:

1. Ein Buch über den Umgang mit behinderten Menschen.
2. Ein Kochbuch für leichte, gesunde Diätküche.
3. Einen guten Krimi.
4. Ein Kinder-Bilderbuch.
5. Einen Reiseführer für Frankreich.

36. Wörterquadrat: Prägen Sie sich bitte das folgende Feld aus 16 Buchstaben ein.

D	U	F	T
L	I	S	T
A	B	E	R
L	O	H	N

34. Erinnern Sie sich an die Aufgabenstellungen und lösen Sie sie hier.

1. _____

2. _____

3. _____

4. _____

5. _____

35. Da Rainer auch gleich für Sabine Bücher mitgebracht hat, weiß er nicht mehr, welche Bücher für Silke sind. Markieren Sie die für Silke gedachten Bücher. Er hat folgende Titel dabei:

☐ »Die Mitternachtstote«
☐ »Petra und die große Liebe«
☐ »Pfundsgesund«
☐ »Auf und davon – Frankreich«
☐ »Lehrbuch zum Umgang mit behinderten Menschen«
☐ »Der Wächter des Drachens«
☐ »Backen, was der Garten hergibt«
☐ »Das kleine Zi-Za-Zauberschloss«

36. Welche dieser Wörter lassen sich aus den zwölf Buchstaben bilden? Markieren Sie diese Wörter mit einem Häkchen.

☐ SOFIA	☐ ANGRIFF
☐ FALTEN	☐ TRIBUT
☐ GEHALT	☐ NEBEL
☐ LINEAL	☐ INSTALLATEUR
☐ ERDSTATION	☐ STUDIENRAT
☐ FREUDE	☐ UNBESTRAFT
☐ UNIVERSUM	☐ ADRESSE

37. Fiktive Fremdwörter II: In der Liste unten sehen Sie zwölf Fantasiewörter. Prägen Sie sich deren Schreibweise genau ein. Auf der Rückseite sollen Sie »Tippfehler« entdecken.

Rampolilie
Katastachanko
Rosinovahrum
Nasalothy
Zwollfarbo
Verlottusso
Mikilintzafgoll
Schukimonzumma
Armilluztollum
Kosänpruchst

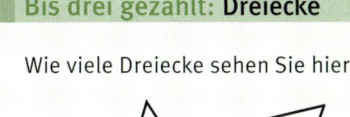

Bis drei gezählt: Dreiecke

Wie viele Dreiecke sehen Sie hier?

38. Wörtliches Durcheinander: Merken Sie sich nun bitte diese elf Hauptwörter. Stellen Sie sich dabei deren Bedeutung bildhaft vor. Die Reihenfolge ist nicht wichtig.

SPIEL · ANFANG · ERSPARNIS · GABE
GEBET · SCHRIFT · PEIN · BETRUG
MAHNUNG · GEBOT · WILLE

39. Troikas: Prägen Sie sich bitte folgende Dreiergruppen von Wörtern ein.

GAS – OFEN – BANK
MOHN – KUCHEN – GABEL
RECHT – ECK – PFEILER
BAU – HOLZ – KOHLE
LEDER – SESSEL – LIFT
MUTTER – SCHAF – KÄSE
EHE – RING – KAMPF
STEIN – ZEIT – MANGEL

*37. Manche der Fantasiewörter weisen hier nun
einen oder mehrere »Tippfehler« auf. Können Sie
die abweichenden Schreibweisen entdecken?*

Rampollilie   Katastachanko
Rosinovarum   Nasalothie
Zwollfarbo   Verlottusso
Mikkilintzafgoll   Schukimonzunna
Armilluztollum   Kosänbruchst

*38. Denken Sie nun an die Hauptwörter auf
der Vorderseite. Hier sind die darin steckenden
Zeitwörter gefragt. Was »machen wir« da alles?
(Beispiel: SPIEL ▶ wir spielen)*

▶ wir _____   ▶ wir _____

▶ wir _____   ▶ wir _____

▶ wir _____   ▶ wir _____

▶ wir _____   ▶ wir _____

▶ wir _____   ▶ wir _____

*39. Je ein Begriff von sechs Dreiergruppen ist hier
genannt. Welche beiden Wörter gehören dazu?*

Bank – _____ – _____

Eck – _____ – _____

Bau – _____ – _____

Mangel – _____ – _____

Kampf – _____ – _____

Schaf – _____ – _____

40. Bedeutende Fremdwörter II: Diesmal sollen Sie die Bedeutung der Fremdwörter lernen. Versuchen Sie, sich diese Begriffe in zwei Minuten so gut wie möglich einzuprägen.

nonfigurativ	=	gegenstandslos
Ordal	=	Gottesurteil
Pervestigation	=	Durchsuchung
Jingo	=	Nationalist
Raptus	=	plötzlicher Zorn
Exanthropie	=	Menschenscheu
Desquamation	=	Abschuppung
Konfitent	=	Beichtender
Jaktation	=	Gliederzucken

41. Gegenstücke: 34 Wortpaare, die einen Gegensatz ausdrücken, sollen Sie sich hier einprägen.

vermuten – wissen	Vorwort – Epilog
Absender – Adressat	nie – oft
Länge – Breite	strähnig – kraus
brüllen – flüstern	Produktion – Entsorgung
Muße – Hektik	dienstlich – privat
Erde – Himmel	ernten – säen
Nähe – Weite	Bewerbung – Zusage
Feind – Genosse	so – anders
fade – herzhaft	Feiertag – Werktag
gefestigt – labil	lasch – strikt
Halt – Fahrt	Glück – Tragik
Gerade – Kurve	Einheimischer – Tourist
Langeweile – Kurzweil	Mangel – Überschuss
Minimum – Höchstmaß	wirksam – nutzlos
meckern – loben	Morgengebet – Vesper
hemmend – treibend	teuer – wertlos
gewagt – harmlos	Versagen – Erfolg

40. Notieren Sie hier die fehlenden Fremdwörter.

Abschuppung = _____

plötzlicher Zorn = _____

Durchsuchung = _____

Gliederzucken = _____

gegenstandslos = _____

Nationalist = _____

Menschenscheu = _____

Beichtender = _____

Gottesurteil = _____

41. Erinnern Sie sich an die fehlenden Gegenstücke und komplettieren Sie diese Auswahl von Paaren.

Hektik – _____	meckern – _____
privat – _____	Fahrt – _____
Höchstmaß – _____	anders – _____
Genosse – _____	Länge – _____
Versagen – _____	kraus – _____
labil – _____	Erde – _____
Vesper – _____	treibend – _____
gewagt – _____	Mangel – _____
Glück – _____	Epilog – _____
nie – _____	Adressat – _____
Tourist – _____	Werktag – _____
flüstern – _____	Bewerbung – _____
lasch – _____	fade – _____
Gerade – _____	Produktion – _____

Trainings-Doppel I

In dieser äußerst effektiven Übung sollen Sie zunächst einen Satz auswendig lernen. Verdecken Sie diesen dann und lösen Sie die Kopfrechenaufgabe darunter. Dann notieren Sie im untersten Feld aus der Erinnerung von allen einzelnen Wörtern des auswendig gelernten Satzes jeweils den zweiten Buchstaben.

---

1. Der Europäische Gerichtshof nimmt die Rolle der Judikative ein.

$3 + 19 - 15 =$ _____

---

2. Die Antarktis umfasst die um den Südpol gelegenen Land- und Meeresgebiete.

$61 - 37 + 86 =$ _____

---

3. Bei Oldtimer-Rallyes gibt es eine Disziplin, die »Gleichmäßigkeitsfahrt« heißt.

$165 + 846 - 516 =$ _____

---

4. Das sehr alte Spiel stammt aus China, hat aber eine besondere Prägung in Taiwan und Indien erhalten.

$94582 - 65796 =$ _____

Zahl um Zahl

Uns Zahlen zu merken stellt uns vor besondere Herausforderungen. Denn sie sind
abstrakt, und unser Gedächtnis liebt nun
mal Konkretes: plastische, farbige Bilder.
Deshalb ist es ungemein effektiv, wenn es
uns gelingt, bildhafte Verknüpfungen zu
den Zahlen zu finden. Es gibt zwar geniale
Gedächtnismethoden, die erstaunliche
Merkleistungen bei Zahlen ermöglichen
(siehe Beispiel auf Seite 62/63), doch auch
ohne solche professionellen Spezialverfah-
ren können Sie Ihre Merkkraft mit Training
deutlich verbessern.

42. Trikolore: Prägen Sie sich bitte diese Anordnung ein. Beachten Sie dabei alle Eigenschaften: die drei Hintergrundfarben, natürlich die Zahlenwerte selbst sowie deren »Farbe« (Schwarz oder Weiß).

43. Acht Zahlen: Betrachten Sie diese Zahlen genau. Versuchen Sie, zu jeder eine für Sie einprägsame Verknüpfung zu finden, etwa Ihre Kleidergröße, das Alter Ihrer Mutter, eine bereits bekannte Geheimzahl, Hausnummern oder Ähnliches.

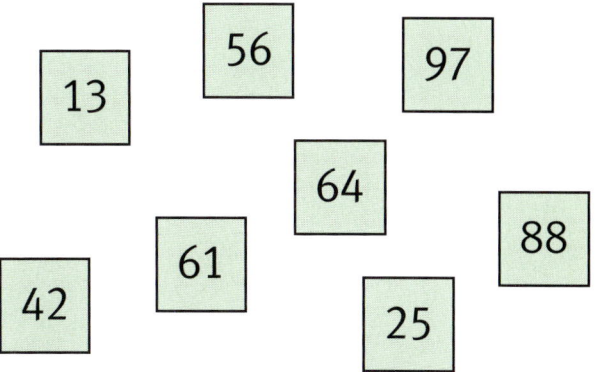

42. Lösen Sie nun folgende Aufgaben.

1. Welche Zahlen ergeben addiert die höhere Summe:
   die schwarzen oder die weißen?
   Ergebnis: _____
2. Berechnen Sie die Summe aller weißen geraden Zahlen.
   Ergebnis: _____
3. Berechnen Sie die Summe aller ungeraden Zahlen
   im hellgrünen Streifen.
   Ergebnis: _____
4. Berechnen Sie die Summe der drei unteren Zahlen.
   Ergebnis: _____
5. Ziehen Sie die Summe aller schwarzen Zahlen im
   hellgrauen Streifen von der Summe aller weißen
   Zahlen ab.
   Ergebnis: _____

43. Zeichnen Sie nun gerade Verbindungslinien zwischen der Null und jeder der Zahlen, die Sie sich auf der Vorderseite eingeprägt haben.

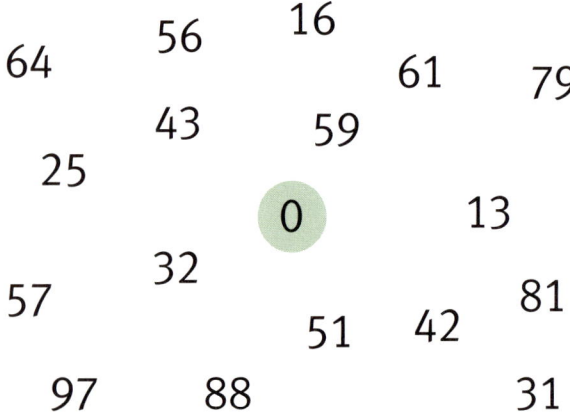

44. Zahlenfolge I: Prägen Sie sich diese Reihe von Zahlen möglichst schnell ein.

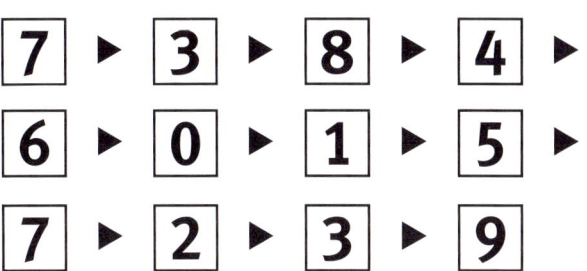

45. Zahlentabelle I: Prägen Sie sich dieses Feld von Zahlen ein. Auf der nächsten Seite müssen Sie diese dann nicht wiedergeben, sondern nur wiedererkennen. Sie sollten sich daher nicht nur auf die nummerischen Werte konzentrieren, sondern auch auf das Aussehen der Zahlen.

558	303	46	47	84	76
601	226	37	31	455	990
277	57	12	97	19	153
20	85	93	345	58	989
496	48	59	61	423	638

44. *Holen Sie sich nun die Zahlenfolge ins Gedächtnis und finden Sie den Weg durchs Labyrinth. Beginnen Sie links oben bei der 7 und gehen Sie waagrechte oder senkrechte Schritte, wobei Sie immer auf die Zahlen springen, die durch die Zahlenfolge vorgegeben sind. Wo endet der Weg?*

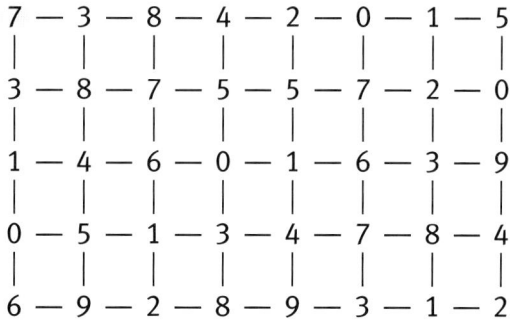

```
7 — 3 — 8 — 4 — 2 — 0 — 1 — 5
|   |   |   |   |   |   |   |
3 — 8 — 7 — 5 — 5 — 7 — 2 — 0
|   |   |   |   |   |   |   |
1 — 4 — 6 — 0 — 1 — 6 — 3 — 9
|   |   |   |   |   |   |   |
0 — 5 — 1 — 3 — 4 — 7 — 8 — 4
|   |   |   |   |   |   |   |
6 — 9 — 2 — 8 — 9 — 3 — 1 — 2
```

45. *Genau drei Zahlen haben wir hier gegenüber der Original-Tabelle geändert. Können Sie sagen, welche es sind?*

558	303	46	47	84	76
601	226	37	31	465	990
277	57	12	97	19	153
20	76	93	345	58	348
496	48	59	61	423	638

46. Zahlwörter merken I: Können Sie sich auch Zahlen in ausgeschriebener Form einprägen? Merken Sie sich jeweils ein Zahlwort und blättern Sie dann um.

1. Siebenundsiebzigtausendeinhundertdrei

2. Einhundertachttausendneunhundert-
   vierundsiebzig

3. Viermillionendreihundertfünfundfünfzig-
   tausendsechshundertzweiundachtzig

4. Sechshundertdreiundneuzigmillionen-
   achthundertneunundsiebzigtausend-
   vierhundertvierzehn

47. Zahlen und Wörter I: Hier sollen Sie sich Paare aus Zahlen und Begriffen einprägen. Nehmen Sie sich etwa zwei Minuten Zeit und denken Sie sich Eselsbrücken aus.

$$41 = \text{Tante}$$
$$69 = \text{Banane}$$
$$5 = \text{Gelbsucht}$$
$$105 = \text{Kaffeefilter}$$
$$38 = \text{Zuchthaus}$$
$$22 = \text{Deutschland}$$
$$360 = \text{Globus}$$
$$80 = \text{Kleid}$$
$$75 = \text{Zahnfüllung}$$
$$56 = \text{Tilgung}$$

46. Und jetzt: »Bitte Zahlen!«: Geben Sie hier die Zahlen in Form von Ziffern wieder.

1. _____

2. _____

3. _____

4. _____

47. Rufen Sie sich die Zahlen zu den Begriffen ins Gedächtnis und entscheiden Sie, welches der beiden Wörter in einer Zeile zur größeren Zahl gehört. Tragen Sie entsprechend das Zeichen »<« oder »>« ins Kästchen dazwischen ein.

Gelbsucht ☐ Globus

Zahnfüllung ☐ Kaffeefilter

Kleid ☐ Tilgung

Kaffeefilter ☐ Tante

Tante ☐ Zahnfüllung

Deutschland ☐ Banane

Globus ☐ Kleid

Banane ☐ Zuchthaus

Tilgung ☐ Gelbsucht

Zuchthaus ☐ Deutschland

48. Rechenoperationen I: Merken Sie sich bitte diese vier Rechenschritte und unbedingt auch die Reihenfolge, in der sie erscheinen.

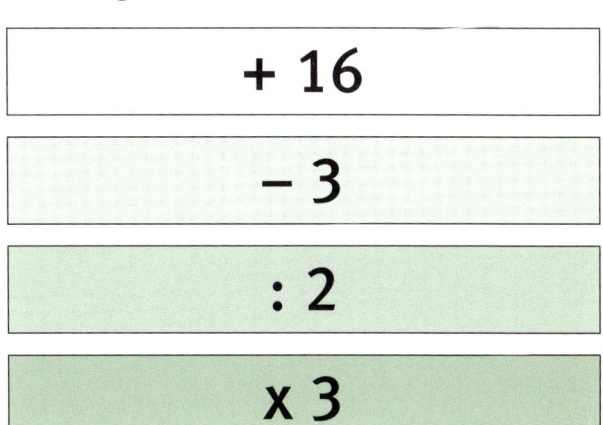

+ 16

– 3

: 2

x 3

49. Fünf Zahlen im Dschungel: Prägen Sie sich diese fünf vierstelligen Zahlen ein. Auf der nächsten Seite sollen Sie sie wiederfinden. Dazu werden Sie aber etwas Geduld brauchen ...

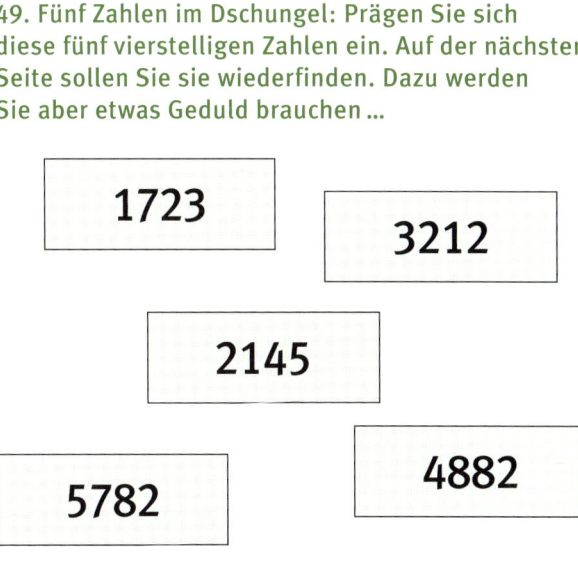

1723

3212

2145

5782

4882

48. Sie finden hier einen Kasten voller Zahlen.
Das Spiel beginnt bei der fett gedruckten 1 links
oben. Springen Sie von hier aus schrittweise zu
Zahlen, die sich durch die Anwendung der ersten
Rechenoperation ergeben. Kommen Sie damit
nicht mehr weiter, wenden Sie die zweite Rechen-
funktion an usw. Finden Sie heraus, bei welcher
Zahl dieses Gedächtnisspiel endet.

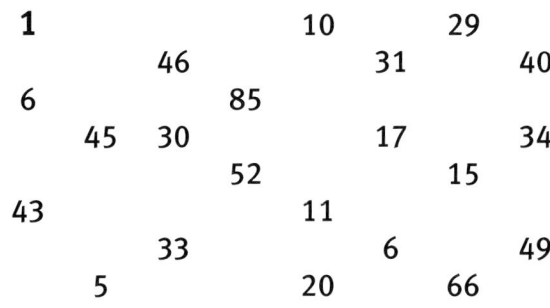

```
1                   10        29
          46              31        40
6             85
     45   30              17        34
          52                   15
43             11
          33              6         49
     5              20        66
```

49. Die fünf eben gemerkten Zahlen haben wir hier
versteckt. Sie können horizontal, vertikal oder
diagonal verlaufen und darüber hinaus vorwärts
oder rückwärts. Finden und umrahmen Sie sie.

```
2 2 3 7 5 6 8 0 3 6 4 2 7 0 8 5 9 4 9 1
2 6 3 7 4 8 5 7 1 4 7 1 4 9 5 4 9 6 9 8
0 7 8 1 8 0 3 9 8 1 9 3 9 5 7 6 5 9 3 2
3 2 0 4 4 5 4 1 5 9 6 3 0 3 2 1 2 3 7 3
5 8 2 4 7 9 6 9 3 9 2 0 1 2 5 9 0 3 3 7
4 5 0 6 1 1 7 1 6 3 5 2 0 7 8 8 7 4 8 1
4 2 8 5 8 4 4 4 5 3 0 0 8 3 2 2 7 7 8 9
5 3 8 6 2 4 7 1 5 5 4 8 9 5 8 3 5 8 7 6
4 8 8 2 4 8 4 1 2 4 5 6 9 8 9 6 8 5 4 2
0 1 0 2 2 1 7 3 8 1 8 6 9 0 5 0 6 4 9 0
6 0 6 3 2 8 6 1 0 2 4 7 2 2 5 7 1 5 3 1
```

50. Pfiffiger Mathe-Lehrer: Die Schüler klauen Lehrer Paulsen die Matheaufgaben, die er im nächsten Test bringen möchte. Sie kopieren sie und lernen sie auswendig.

$$17 + 4 + 3 =$$

$$19 + 14 - 26 =$$

$$31 - 13 + 21 =$$

$$26 + 32 - 15 =$$

51. Vier Zahlen: Diesmal sind es Zahlen mit einer Richtungsangabe, die Sie sich bitte innerhalb von zwei Minuten einprägen sollen. Wie Sie bei genauem Hinsehen feststellen können, handelt es sich um vier Zahlen, die einmal waagerecht, einmal senkrecht angeordnet sind. Sie erhalten dadurch mehr Möglichkeiten, Eselsbrücken zu finden. Die sollten Sie natürlich nutzen.

Waagerecht:

1 2 3 9
2 1 4 7
3 8 5 6
5 3 0 5

Senkrecht:

1 2 3 5
2 1 8 3
3 4 5 0
9 7 6 5

50. Lehrer Paulsen hat den Diebstahl natürlich bemerkt, und er kann ebenso ein Schlitzohr
sein wie seine Schüler. Er gibt den Kindern
die folgenden Gleichungen und gibt ihnen auf,
die fehlenden Angaben, die sie ja nun schon
gesehen hätten, »einfach« aus dem Gedächtnis
einzusetzen.

$$17 + \underline{\quad} + \underline{\quad} = 24$$

$$\underline{\quad} + 14 - \underline{\quad} = 7$$

$$\underline{\quad} - \underline{\quad} + 21 = 39$$

$$26 + \underline{\quad} - \underline{\quad} = 43$$

51. Bekommen Sie alle vier Zahlen noch vollständig
zusammen? Dann tragen Sie sie hier ein. Senkrecht oder waagerecht – ganz wie Sie möchten.

____ ____ ____ ____

____ ____ ____

____ ____ ____

____ ____ ____

**52. Stufentraining: Nehmen Sie sich jeweils eine
Zahl vor. Die größeren Zahlen dürfen Sie sich zwei
Minuten oder länger einprägen. Versuchen Sie
wie immer, Zahlengruppen mit bereits Bekanntem
zu verknüpfen: Geburtstage, Jahreszahlen, Tempe-
raturen, Telefonnummern usw.**

1. 536594
2. 8365896
3. 684956352
4. 2025148641
5. 91236529866
6. 178456933683
7. 41548598940515
8. 5369619366587514
9. 358425948451230425
10. 75481156845896326597

**53. Vierfarbiges Zahlenspiel: Prägen Sie sich
diese acht Ziffern mit ihrer genauen Anordnung
und Farbe sowie Hintergrundfarbe genau ein.
Unterschätzen sie diese Aufgabe nicht.
Nehmen Sie sich ruhig mehrere Minuten Zeit.**

52. Tragen Sie hier die Zahlen aus dem Gedächtnis ein. Sich eine 20-stellige Zahl ohne Gedächtnistricks zu merken, erfordert schon sehr viel Training. Es ist also keine Schande, wenn Sie nur wesentlich kleinere Zahlen bewältigen.

1. _____
2. _____
3. _____
4. _____
5. _____
6. _____
7. _____
8. _____
9. _____
10. _____

53. Lösen Sie nun die folgenden Aufgaben.

1. Welche Summe ergeben die vier oberen Zahlen?
   Ergebnis: _____
2. Addieren Sie alle grünen Zahlen,
   die nicht auf grauem Hintergrund stehen.
   Ergebnis: _____
3. Bilden Sie die Differenz zwischen der Summe
   der weißen und der der schwarzen Zahlen.
   Ergebnis: _____
4. Die Zahlen welcher Farbe ergeben addiert die
   größere Summe?
   Ergebnis: _____
5. Addieren Sie alle geraden Zahlen, die sich nicht
   auf weißem Hintergrund befinden.
   Ergebnis: _____

54. Zahlenfolge II: Prägen Sie sich diese Reihe von Zahlen möglichst schnell ein. Blättern Sie dann drei Seiten weiter.

4 ▶ 3 ▶ 9 ▶ 6 ▶

9 ▶ 2 ▶ 1 ▶ 8 ▶

5 ▶ 0 ▶ 7 ▶ 7

55. Zeichenfolgen I: Merken Sie sich jeweils eine Reihe und gehen Sie dann eine Seite weiter. Es sind diesmal Zahlen und Buchstaben gemischt, was Ihrer Fantasie beim Einprägen neue Anreize geben kann. Suchen Sie nach Assoziationen.

1. 30 B U 2 K

2. TZ 900 J 8

3. 12 L 131 G 8

4. M 1000 K N D 3

5. I O J B 45 R 22

6. h35 guwi94 V 6

7. 7 F 3 K 8 N 9 D 1

8. U 6 N 69 SW 34 25

9. 901 Q F78 H B 82 3

10. G 8 M 5 B 4 R 3 G 7 A 1

Ziffern-Form-System

Das Gedächtnis liebt Bilder. Nichts kann es sich besser merken als ein Bild. Daher basieren viele Gedächtnistricks (Mnemotechniken) auf der Grundlage vorab gemerkter Bildsymbole. Darauf wollen wir hier eingehen. Ziffern werden mit Formen gleichgesetzt.

Lernen Sie die unten stehenden **zehn Ziffer-Form-Kombinationen** auswendig und verinnerlichen Sie sie. Wie Sie leicht erkennen können, hat jedes der gewählten Bilder einen starken Bezug zu seiner Zahl. Der Ball ist rund wie eine Null, die Kerze steht da wie eine Eins, der Schwan hätte ohne Flügel die geschwungene Form einer Zwei, der Dreizack steht für die Drei, das vierblättrige Kleeblatt natürlich für die Vier, die offene Hand zeigt fünf Finger und steht für die Fünf, der Rüssel des Elefanten hat die Form einer Sechs, die Fahne hat die Form einer Sieben, die Sanduhr die einer Acht, und die Neun schließlich wird repräsentiert von »Alle Neune«, den Kegeln.

Nachdem Sie sich nun die zehn festen Bilder eingeprägt haben, folgt der nächste Schritt beim Zahlenmerken: die **»Fantasiearbeit«**. Wenn Sie eine bestimmte Zahl ganz sicher behalten müssen, dann sollten Sie diese Zahl in ein Bild oder auch eine Bildergeschichte umwandeln; das nimmt zwar etwas Zeit in Anspruch, dafür setzen Sie aber viele »Erinnerungsanker« in Ihrem Langzeitgedächtnis.

Beispiel

4581 ▶ Kleeblatt, Hand, Sanduhr, Kerze
Diese Zahl könnten Sie sich merken, indem Sie sich vorstellen, wie Sie auf einer Blumenwiese ein vierblättriges Kleeblatt entdecken. Völlig überrascht über diesen Fund pflücken Sie es freudig und legen es behutsam und stolz in Ihre geöffnete Hand. Damit gehen Sie in eine öffentliche Sauna, wo Sie die dort angebrachte »15-Minuten-Sanduhr« drehen. Schwitzend betrachten Sie Ihr Kleeblatt, bemerken, wie eine Schweißperle von Ihrer Stirn darauf fällt … als plötzlich der Strom ausfällt und es stockdunkel wird. Doch gleich kommt eine nette Dame vom Servicepersonal; sie hält eine Kerze in der Hand und sorgt so für eine Notbeleuchtung.

Wichtig: Sie sollen sich die Geschichte gut merken können, dabei spielt es gar keine Rolle, wie schön, plausibel oder realistisch sie ist. Je »merkwürdiger«, desto besser. Der Fantasie sind dabei keine Grenzen gesetzt.

Eine ähnliche Hilfsmethode ist das **Ziffern-Reim-System**. Für jedes Zahlwort merken Sie sich einen plastischen Begriff, der sich darauf reimt oder für Sie ähnlich klingt. Das funktioniert analog natürlich in jeder Sprache.

0 (Null) ▶ Bulle		5 (Fünf) ▶ Schlümpfe
1 (Eins) ▶ Mainz		6 (Sechs) ▶ Hexe
2 (Zwei) ▶ Zweig		7 (Sieben) ▶ liegen
3 (Drei) ▶ Brei		8 (Acht) ▶ Nacht
4 (Vier) ▶ Klavier		9 (Neun) ▶ Scheune

54. Holen Sie sich nun die Zahlenfolge ins Gedächtnis und finden Sie den Weg durchs Labyrinth. Beginnen Sie oben bei der 4 und gehen Sie waagrechte oder senkrechte Schritte, wobei Sie immer auf die Zahlen springen, die durch die Zahlenfolge vorgegeben sind. Wo endet der Weg?

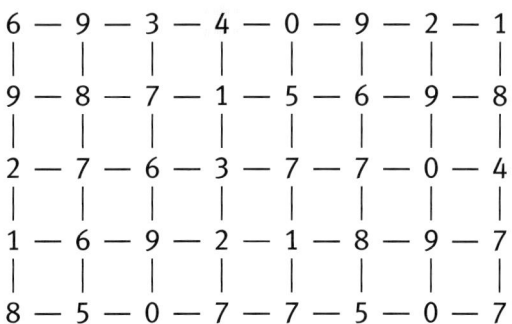

```
6 — 9 — 3 — 4 — 0 — 9 — 2 — 1
|   |   |   |   |   |   |   |
9 — 8 — 7 — 1 — 5 — 6 — 9 — 8
|   |   |   |   |   |   |   |
2 — 7 — 6 — 3 — 7 — 7 — 0 — 4
|   |   |   |   |   |   |   |
1 — 6 — 9 — 2 — 1 — 8 — 9 — 7
|   |   |   |   |   |   |   |
8 — 5 — 0 — 7 — 7 — 5 — 0 — 7
```

55. Tragen Sie hier die fehlenden Zeichen ein.

1. 30 _ U _ _
2. T_ 9_0 _ 8
3. _2 L _3_ G _
4. _ 1_0_ K _ D _
5. _ O _ B 4_ R _2
6. h3_ g_w_9_ V _
7. 7 _ 3 K _ N _ _ 1
8. _ _ N 6_ S_ 3_ 2_
9. _0_ Q _7_ H _ 8_ 3
10. _ _ M _ B _ R _ _ 7 _1

56. Termine I: Viele Menschen haben heutzutage so viele Termine pro Tag, dass sie ohne ihren digitalen »Organizer« kaum noch zurechtkommen. Doch heute ist der Akku leer. Jetzt ist es gut, wenn Sie sich auf Ihr Oberstübchen verlassen können. Prägen Sie sich bitte diesen Tagesablauf ein, denn Pünktlichkeit ist Trumpf.

13. Februar 2009

Acht Termine:

▶ 08.50 Uhr: Sitzung beim Bürgermeister

▶ 10.40 Uhr: Bleichen beim Zahnarzt

▶ 11.55 Uhr: Reportage im Fernsehen

▶ 13.30 Uhr: Besichtigung mit Kunden

▶ 15.02 Uhr: Bahnfahrt ab Gleis 14

▶ 18.10 Uhr: Claudia im Bistro

▶ 19.15 Uhr: Einlass Theater

▶ 21.45 Uhr: Tisch im Restaurant

57. Rechenzeichen: Nicht Zahlen, sondern Rechenzeichen und ihnen zugeordnete Symbole sollen Sie sich hier einprägen. Auf der nächsten Seite warten dann Rechenaufgaben auf Sie.

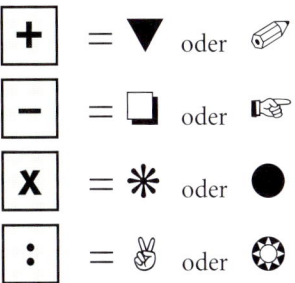

56. Haben Sie sich alle acht Termine gut eingeprägt? Im Folgenden sind lediglich Stichwörter vorgegeben. Notieren Sie jeweils dahinter die vorgesehene Uhrzeit.

- ▶ Zahnarzt: _ _ . _ _ Uhr
- ▶ Restaurant: _ _ . _ _ Uhr
- ▶ Sitzung: _ _ . _ _ Uhr
- ▶ Reportage: _ _ . _ _ Uhr
- ▶ Einlass: _ _ . _ _ Uhr
- ▶ Bistro: _ _ . _ _ Uhr
- ▶ Gleis 14: _ _ . _ _ Uhr
- ▶ Bleichen: _ _ . _ _ Uhr
- ▶ Claudia: _ _ . _ _ Uhr
- ▶ Besichtigung: _ _ . _ _ Uhr

57. In diesen Aufgaben haben wir die Rechenzeichen durch andere Symbole ersetzt. Sie sollen sich nun erinnern, welcher Rechenart (+, –, x oder :) diese Symbole jeweils zugeordnet waren, und so die Lösungen errechnen.

3 ● 4 ❑ 2 = _____

5 ▼ 8 ✾ 4 = _____

8 ☞ 2 ● 1 = _____

9 ✌ 3 ▼ 5 = _____

7 ❑ 6 ✌ 2 = _____

6 ✳ 5 ✐ 8 = _____

58. Geheimzahlen: Die Fülle von Geheimzahlen, PIN-Codes usw. ist zunehmend ein Problem für die meisten Menschen. Wir können hier dieses Problem zwar nicht beseitigen. Aber wir wollen das Einprägen und Merken üben. Also: Lernen Sie diese fünf Zahlen auswendig und verknüpfen Sie sie in Ihrer Fantasie fest mit der jeweiligen Funktion, sodass Sie sie auch später nicht verwechseln.

Scheckkarte	5303
Kreditkarte	4459
Internetbank	0518
Aktien-Depot	67820
Büroeingang	18543

59. Zahlen und Wörter II: Hier sollen Sie sich Paare aus Zahlen und Begriffen einprägen. Nehmen Sie sich etwa zwei Minuten Zeit und denken Sie sich Eselsbrücken aus.

34	=	Duft
93	=	Liga
37	=	Magen
88	=	Seefahrt
59	=	Indien
67	=	Kabel
80	=	Funk
38	=	Stab
41	=	Rakete
96	=	Bogen

Anders gesagt: Synonyme

Finden Sie zu jedem der vorgegebenen Wörter zwei, die eine möglichst ähnliche Bedeutung haben. (Beispiel labil: schwach, unstet)

Ende: _____

geben: _____

typisch: _____

Nörgler: _____

58. Haben Sie sich die Zahlen genau gemerkt?
Selbst wenn Sie eine halbe Stunde dafür benötigt
haben – durch weiteres Üben werden Sie besser.
Wenn Sie sich die nächste neue Geheimzahl merken
müssen, fällt es dann schon leichter.

Notieren Sie hier die jeweilige Geheimzahl.

Aktien-Depot ▶ _____

Internetbank ▶ _____

Kreditkarte ▶ _____

Scheckkarte ▶ _____

Büroeingang ▶ _____

59. Rufen Sie sich die Zahlen zu den Begriffen
ins Gedächtnis und entscheiden Sie, welches
der beiden Wörter in einer Zeile zur größeren
Zahl gehört. Tragen Sie entsprechend das Zeichen
»‹« oder »›« ins Kästchen dazwischen ein.

Magen ☐ Indien

Kabel ☐ Bogen

Duft ☐ Magen

Seefahrt ☐ Stab

Rakete ☐ Funk

Funk ☐ Kabel

Liga ☐ Rakete

Indien ☐ Seefahrt

Um die Ecke gezählt: Jagen nach Zahlen

Suchen Sie die Zahlen von 1 bis 50 in ihrer natürlichen
Reihenfolge – so schnell Sie können und ohne Pause.

42 40 23 5 29 38 9
8 15 46 16 18
45
21 25 33 1 27 36 12
48 11 20 14 24
4 19 31 28 44 41 2 6
34 7
13 3 37 22 30 43
26 39 47 35 32 17
50 10 49

60. Zahlenfolge III: Prägen Sie sich diese
Reihe von Ziffern möglichst schnell ein.

3 ▸ **5** ▸ **9** ▸ **0** ▸

1 ▸ **2** ▸ **3** ▸ **0** ▸

7 ▸ **9** ▸ **8** ▸ **7** ▸

4 ▸ **6** ▸ **8** ▸ **0**

Ganz verdreht: Drei Module

Diese Figur besteht aus drei gleich aufgebauten Gebilden, die verdreht aneinandergesetzt sind. Wo verlaufen die Grenzen zwischen den drei Kästchengruppen?

60. Rufen Sie sich die Zahlenfolge ins Gedächtnis und finden Sie den Weg durchs Labyrinth. Beginnen Sie ganz rechts bei der 3 und gehen Sie waagrechte oder senkrechte Schritte, wobei Sie immer auf die Zahlen springen, die durch die Zahlenfolge vorgegeben sind. Wo endet der Weg?

```
4 — 6 — 7 — 0 — 9 — 7 — 3 — 2
|   |   |   |   |   |   |   |
0 — 8 — 9 — 3 — 2 — 1 — 0 — 1
|   |   |   |   |   |   |   |
3 — 7 — 8 — 7 — 3 — 2 — 9 — 0
|   |   |   |   |   |   |   |
8 — 4 — 5 — 4 — 2 — 1 — 5 — 3
|   |   |   |   |   |   |   |
0 — 0 — 8 — 6 — 3 — 0 — 9 — 5
```

61. Zahlenwirrwarr I: Prägen Sie sich innerhalb von zwei bis vier Minuten alle Zahlen und deren Positionen ein. Die anderen Symbole könnten Ihnen möglicherweise als Eselsbrücke dienen. Machen Sie das Beste daraus.

62. Neun Kisten: Können Sie sich diese neun Zahlen mit unterschiedlichen Farbgebungen merken? Nehmen Sie sich etwa zwei Minuten Zeit. Beachten Sie, dass jede Zahl genau einmal vorkommt.

61. Zwei Zahlen sind hier verändert.
Können Sie sagen, welche?

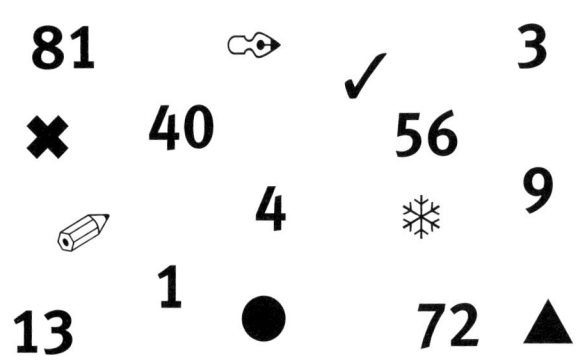

62. Versuchen Sie nun, die folgenden Fragen
zu beantworten.

1. Welche Farbe hat die Zahl 7?
_____

2. Welche Zahl steht links unten?
_____

3. Welche Hintergrundfarbe hat der Kasten mit der 1?
_____

4. Welche Farbe hat der Hintergrund bei der Zahl 3?
_____

5. Welche Zahlen stehen in weißen Kästen?
_____

6. Wie viele Zahlen sind schwarz?
_____

7. Welche Zahl steht in der Ecke rechts unten?
_____

8. In Kästen welcher Farben stehen graue Zahlen?
_____

63. Zahlentabelle II: Merken Sie sich diese Zahlen. Auf der nächsten Seite müssen Sie diese (nur) wiedererkennen. Achten Sie daher nicht nur auf die Zahlenwerte, sondern auch auf das Aussehen.

35	64	17	46	73	92
60	14	58	65	21	61
50	23	90	32	74	30
25	4	86	17	98	89

64. Zahlwörter merken II: Merken Sie sich jeweils ein Zahlwort und blättern Sie dann um.

1. Dreizehntausendvierhundertelf

2. Einundneunzigtausendzweihundertachtzehn

3. Einhundertfünfzigtausendneunhundertsechsunddreißig

4. Fünfhundertzweiundachtzigtausenddreihundertsiebenundsiebzig

5. Sechsmillionendreihundertviertausendsiebenhunderteinundsechzig

6. Vierhundertzwölfmillionenfünfhundertzweiundachtzigtausendneunhundertvierundachtzig

*63. Genau drei Zahlen haben wir hier geändert.
Können Sie sagen, welche?*

35	64	42	46	73	92
60	14	58	65	55	61
50	23	90	32	74	30
25	4	13	17	98	89

Wühlerei: Zwei Zahlen gesucht

Suchen Sie diese beiden mehrfach enthaltenen
Zahlen: 8725 und 1583. Vorwärts oder rückwärts.

```
8752782515838513872515838513872515835278385187
2515838725158387251583872515835278872552781583
5278872385151583527838518725158387385125158387
253851527815838725158352788725385138385151515278
```

*64. Und jetzt: »Bitte Zahlen!«: Geben Sie hier
die Zahlen in Form von Ziffern wieder.*

1. _____

2. _____

3. _____

4. _____

5. _____

6. _____

65. Zahlen und Wörter III: Hier sollen Sie sich Paare aus Zahlen und Begriffen einprägen. Nehmen Sie sich etwa zwei Minuten Zeit.

33 = Seife	
25 = Komma	
7 = Rind	
1 = Ehering	
82 = Bierflasche	
50 = General	
42 = Schere	
369 = Zylinder	
505 = Parlament	
80 = Brief	

Gleichgesinnt: Suche Partner

Welche drei Ausdrücke haben eine ähnliche Bedeutung?

☐ 1. Dampf machen

☐ 2. etwas in Arbeit geben

☐ 3. Dampf ablassen

☐ 4. bei der Arbeit antreiben

☐ 5. die Flucht nach vorn antreten

☐ 6. auf Trab bringen

Lösungen: 1, 4 und 6

66. Termine II: Zehn Termine an einem Tag. Schaffen Sie es, diese alle im Kopf zu behalten?

4. September 2008

Zehn Termine:

▶ 05.45 Uhr: Joggen mit Mark

▶ 07.00 Uhr: Frühstück bei Tiffany

▶ 10.30 Uhr: Sprechstunde bei Frau Lechner

▶ 12.00 Uhr: Mittagessen beim Italiener

▶ 14.30 Uhr: Kaffeekränzchen

▶ 16.15 Uhr: Laura von der Schule abholen

▶ 17.00 Uhr: Laura zu Marlies bringen

▶ 18.15 Uhr: Weinprobe bei Mark zu Hause

▶ 20.15 Uhr: für Laura Film aufnehmen

▶ 22.00 Uhr: Kinder von der Disco abholen

*65. Rufen Sie sich die Zahlen zu den Begriffen
ins Gedächtnis und entscheiden Sie, welches
der beiden Wörter in einer Zeile zur größeren
Zahl gehört. Tragen Sie entsprechend das Zeichen
»‹« oder »›« ins Kästchen dazwischen ein.*

Rind ☐ General

Schere ☐ Seife

Komma ☐ General

Ehering ☐ Zylinder

Bierflasche ☐ Schere

Brief ☐ Ehering

Seife ☐ Komma

Parlament ☐ Rind

*66. Haben Sie sich die Termine gut eingeprägt?
Im Folgenden sind nur Stichwörter vorgegeben.
Notieren Sie jeweils dazu die geplante Uhrzeit.*

▶ Tiffany: _ _ . _ _ Uhr
▶ Kaffee: _ _ . _ _ Uhr
▶ Joggen: _ _ . _ _ Uhr
▶ Disco: _ _ . _ _ Uhr
▶ Weinprobe: _ _ . _ _ Uhr
▶ Frau Lechner: _ _ . _ _ Uhr
▶ Film: _ _ . _ _ Uhr
▶ Italiener: _ _ . _ _ Uhr
▶ Marlies: _ _ . _ _ Uhr

67. Rechenoperationen II: Merken Sie sich bitte diese vier Rechenschritte und den Buchstaben, der ihnen jeweils zugeordnet ist.

+ 23 ▶ T	− 7 ▶ G
x 4 ▶ L	: 3 ▶ S

68. Drei Rechenaufgaben: Bitte nicht ausrechnen, sondern die kompletten Aufgaben auswendig lernen! Schaffen Sie das in zwei Minuten?

21 x 3 − 47 =

65 : 5 + 18 =

44 − 11 + 209 =

69. Farbige Zahlenreihen: Können Sie sich diese Anordnung innerhalb von zwei Minuten einprägen?

4	6	5	10
9	11	7	1
12	2	3	8

*67. Ersetzen Sie die Buchstaben durch
die entsprechenden Rechenoperationen
und lösen Sie so die Aufgaben.*

13 G S =

5 L G =

15 S T G =

68. Tragen Sie die fehlenden Zahlen ein.

__ x 3 – __ = 16

__ : 5 + __ = 31

44 – __ + __ = 242

69. Lösen Sie nun folgende Aufgaben.

1. Wie hoch ist die Summe aller geraden grünen Zahlen?
   Ergebnis: _____
2. Auf welche Summe kommen alle ungeraden Zahlen
   im weißen Streifen?
   Ergebnis: _____
3. Ermitteln Sie die Summe aller geraden Zahlen,
   die nicht weiß sind.
   Ergebnis: _____
4. Ermitteln Sie die Summe aller Zahlen im grauen
   Streifen, die nicht schwarz sind.
   Ergebnis: _____

70. Zahlwörter merken III: Merken Sie sich jeweils ein Zahlwort und blättern Sie dann um.

1. Elftausendzweihunderteinundvierzig

2. Dreiundsiebzigtausendzweihundertvierundvierzig

3. Einhundertzwanzigtausendeinhundertsechsundneunzig

4. Neunhundertsiebenundzwanzigtausendvierhundertzweiundachtzig

5. Dreizehnmillionendreihundertzweiundsechzigtausendvierhundertsechzehn

6. Zehnmilliardenvierundachtzigmillionenfünfhundertneunundneunzigtausenddreihundert

71. Zahlenfolge IV: Sicher schaffen Sie es, sich auch solch eine lange Zahlenreihe zu merken. Sie müssen sich nur genug Zeit nehmen und möglichst viele Eselsbrücken zu den Zahlen finden.

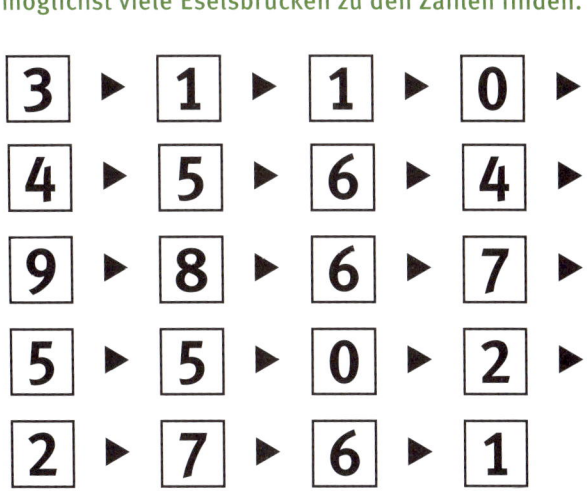

70. Und jetzt: »Bitte Zahlen!«: Geben Sie hier
die Zahlen in Form von Ziffern wieder.

1. _____

2. _____

3. _____

4. _____

5. _____

6. _____

71. Rufen Sie sich nun die Zahlenfolge ins Gedächt-
nis und finden Sie den Weg durchs Labyrinth.
Beginnen Sie ganz unten bei der 3 und gehen Sie
immer waagrechte oder senkrechte Schritte, wobei
Sie immer auf die Zahlen springen, die durch die
Zahlenfolge vorgegeben sind. Wo endet der Weg?

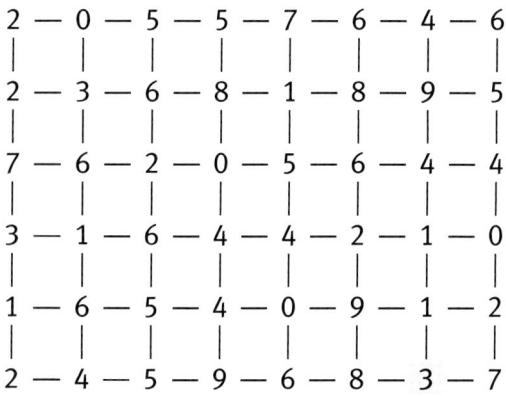

```
2 — 0 — 5 — 5 — 7 — 6 — 4 — 6
|   |   |   |   |   |   |   |
2 — 3 — 6 — 8 — 1 — 8 — 9 — 5
|   |   |   |   |   |   |   |
7 — 6 — 2 — 0 — 5 — 6 — 4 — 4
|   |   |   |   |   |   |   |
3 — 1 — 6 — 4 — 4 — 2 — 1 — 0
|   |   |   |   |   |   |   |
1 — 6 — 5 — 4 — 0 — 9 — 1 — 2
|   |   |   |   |   |   |   |
2 — 4 — 5 — 9 — 6 — 8 — 3 — 7
```

72. Zeichenfolgen II: Merken Sie sich jeweils eine Reihe mit Zahlen und Buchstaben und blättern Sie dann um zur Wiedergabeseite.

1. 111 U J 8
2. 64 F 28 G 6
3. 7 RT 49 MM 3
4. U 7390 H 41
5. J 6 M 6 56 G 1
6. P 9 VB 638 H 78
7. B 9 N 8 M 7 G 3 G
8. 68 K 19 L 64 E 122
9. Y 73 NX 394 M 57 Z
10. 7 TZ 2938 D 237 K 43

73. Zahlentabelle III: Merken Sie sich diese Zahlen. Doch keine Sorge! Auf der nächsten Seite müssen Sie diese nur wiedererkennen. Sie sollten daher nicht nur auf die Zahlenwerte selbst achten, sondern auch auf das Aussehen.

665	151	773	900	225	664
575	181	229	282	330	484
585	626	888	797	110	505

72. Tragen Sie hier in die Lücken die fehlenden Zahlen und/oder Buchstaben ein.

1. _11 _ J _
2. 6_ F _8 _ 6
3. 7 _T _9 _M _
4. _ 7_9_ H _1
5. J _ M _ _6 _ 1
6. P _ V_ 6_8 _ 7_
7. B _ N _ M _ G 3 _
8. _8 _ 1_ L _4 _ 1_2
9. Y _3 _X _9_ M _7 _
10. _ T_ 2_3_ D _3_ K _3

73. Genau drei Zahlen haben wir hier geändert. Können Sie sagen, welche?

665 252 773 900 225 664

575 181 229 282 330 484

686 626 888 979 110 505

74. Zahlen und Wörter IV: Hier sollen Sie sich Paare aus Zahlen und Begriffen einprägen. Nehmen Sie sich etwa zwei Minuten Zeit.

5 =	Zebra
88 =	Zahnpasta
12 =	Gast
9 =	Kraft
200 =	Wiese
159 =	Äquator
2002 =	Birne
81 =	Klima
256 =	Arbeit
99 =	Macht

Zwischentöne: Wortwerkstatt

Welche Buchstaben können zugleich den linken als Ende und den rechten als Anfang dienen? Beispiel: KO-**PF**-ERD

1. GA- _ _ _ - AG
2. AU- _ _ _ _ -NE
3. TIN- _ _ -ER
4. OV- _ _ -SO
5. UM- _ _ _ _ -EI

Lösungen: 1. BEL, 2. STER, 3. TE, 4. AL, 5. LAND

75. Zahlenwirrwarr II: Prägen Sie sich diese Anordnung ein. Merken Sie sich vor allem die Werte und Positionen der Zahlen.

74. Rufen Sie sich die Zahlen zu den Begriffen ins Gedächtnis und entscheiden Sie, welches der beiden Wörter in einer Zeile zur größeren Zahl gehört. Tragen Sie entsprechend das Zeichen »‹« oder »›« ins Kästchen dazwischen ein.

Kraft ☐ Gast

Zebra ☐ Arbeit

Klima ☐ Birne

Gast ☐ Macht

Wiese ☐ Klima

Arbeit ☐ Zahnpasta

Wiese ☐ Kraft

Birne ☐ Äquator

75. Welche zwei Zahlen sind hier verändert?

76. Fünf Zahlenspalten: Prägen Sie sich diese Darstellung genau ein. Nehmen Sie sich genügend Zeit dafür.

77. Zahlwörter merken IV: Merken Sie sich jeweils ein Zahlwort und blättern Sie dann um.

1. Dreiundsechzigtausendsechshundertsechzehn

2. Zweiundneunzigtausendvierhundertzwanzig

3. Dreihundertzweiundsechzigtausend- zweihundertvierundzwanzig

4. Dreimillionenfünfundzwanzigtausend- dreihundertsechsundsechzig

5. Fünfhundertsiebenundzwanzigtausend- achthundertzweiundneunzig

6. Zwölfmilliardeneinhundertsechsmillionen- siebenhundertachtundsechzigtausend- vierhundertdreiunddreißig

7. Zweibillionenelfmilliardendreihundertmillionen- zehntausendeinundsechzig

76. Lösen Sie nun folgende Aufgaben.

1. In welcher Farbe erscheinen die meisten Zahlen?
   Ergebnis: _____
2. Auf welchen Betrag summieren sich die grauen
   Zahlen im weißen Feld?
   Ergebnis: _____
3. Auf welchen Betrag summieren sich die grünen
   Zahlen in der oberen Zeile?
   Ergebnis: _____
4. Welche Spalte weist die höchste Summe auf?
   Ergebnis: _____
5. Wie hoch ist die Summe aller schwarzen Zahlen
   in Feldern, die nicht weiß sind?
   Ergebnis: _____
6. Wie hoch ist die Summe aller ungeraden Zahlen
   in sämtlichen Feldern?
   Ergebnis: _____

*77. Und jetzt: »Bitte Zahlen!«: Geben Sie hier
die Zahlen in Form von Ziffern wieder.*

1. _____

2. _____

3. _____

4. _____

5. _____

6. _____

7. _____

78. Termine III: Prägen Sie sich bitte dieses Tagespensum ein.

6. Dezember 2009

Zehn Termine:

▶ 08.30 Uhr: Meeting I: Zimmer 102
▶ 11.00 Uhr: Firma Setzer zurückrufen
▶ 11.15 Uhr: Termin Frau Hosse
▶ 12.00 Uhr: Mittagessen mit Herrn Roth
▶ 14.20 Uhr: Außentermin Baustelle Linz
▶ 15.50 Uhr: Telefonat mit Frau Moser
▶ 16.00 Uhr: Meeting II: Zimmer 16
▶ 17.45 Uhr: Volkshochschule
▶ 19.00 Uhr: das Auto zu Björn bringen
▶ 20.00 Uhr: Kino

79. Rechenoperationen III: Merken Sie sich bitte diese sechs Rechenschritte und den Buchstaben, der ihnen jeweils zugeordnet ist.

x 1 ▶ A

−9 ▶ G

: 2 ▶ S

+ 10 ▶ F

+ 4 ▶ H

−3 ▶ D

78. Haben Sie sich alle zehn Termine gut einge-
prägt? Im Folgenden sind nur Stichwörter vorgege-
ben. Notieren Sie jeweils dazu die geplante Uhrzeit.

▶ Kino: _ _ . _ _ Uhr
▶ Meeting I: _ _ . _ _ Uhr
▶ Meeting II: _ _ . _ _ Uhr
▶ Herr Roth: _ _ . _ _ Uhr
▶ Frau Moser: _ _ . _ _ Uhr
▶ Firma Setzer: _ _ . _ _ Uhr
▶ VHS: _ _ . _ _ Uhr
▶ Björn: _ _ . _ _ Uhr
▶ Frau Hosse: _ _ . _ _ Uhr
▶ Baustelle: _ _ . _ _ Uhr

79. Ersetzen Sie die Buchstaben durch
die entsprechenden Rechenoperationen
und lösen Sie so die Aufgaben.

5 F H =

| 31 A G = |

| 15 G F = |

| 8 S D = |

| 6 D F = |

| 12 H S = |

80. Ausrechnen wäre leichter: Fünf komplette Rechenaufgaben sollen Sie sich hier merken. Es ist nicht ganz so einfach, wie es aussieht …

$$6 + 5 + 2 - 1 =$$

$$2 + 7 - 4 + 3 =$$

$$3 + 8 + 2 - 7 =$$

$$5 + 4 - 7 + 6 =$$

$$9 - 1 + 5 - 3 =$$

81. Zahlen und Wörter V: Hier sollen Sie sich Paare aus Zahlen und Begriffen einprägen. Nehmen Sie sich etwa zwei Minuten Zeit.

1000	=	Garten
16	=	Taste
62	=	Lupe
48	=	Oper
83	=	Buch
65	=	Computer
842	=	Dach
19	=	Minute
79	=	Notarzt
28	=	Wind

Lukrativ: Geld …

Bilden Sie in fünf Minuten möglichst viele zusammengesetzte Hauptwörter mit »Geld«.

Geld _____   Geld _____
Geld _____   Geld _____
Geld _____   Geld _____
Geld _____   Geld _____
Geld _____   Geld _____
Geld _____   Geld _____

Beispiele: -adel, -beutel, -börse, -buße, -menge, -sack

80. Können Sie die fehlenden Zahlen eintragen?

$$6 + \underline{} + 2 - \underline{} = 12$$

$$\underline{} + 7 - \underline{} + 3 = 8$$

$$3 + \underline{} + \underline{} - 7 = 6$$

$$\underline{} + \underline{} - 7 + \underline{} = 8$$

$$9 - \underline{} + \underline{} - \underline{} = 10$$

81. Rufen Sie sich die Zahlen zu den Begriffen ins Gedächtnis und entscheiden Sie, welches der beiden Wörter jeweils zur größeren Zahl gehört. Setzen Sie dazwischen das Zeichen »‹« oder »›«.

Computer ☐ Taste

Buch ☐ Wind

Taste ☐ Dach

Notarzt ☐ Lupe

Oper ☐ Minute

Wind ☐ Computer

Garten ☐ Lupe

Dach ☐ Notarzt

Minute ☐ Buch

82. Zahlentabelle IV: Merken Sie sich diese Zahlen. Auf der nächsten Seite sollen Sie sie nur wieder-erkennen. Sie sollten nicht nur auf die Zahlenwerte achten, sondern auch auf das Aussehen.

16	6	53	85	5	93
44	56	79	94	27	15
27	66	25	1	36	2

83. Zeichenfolgen III: Merken Sie sich je eine Reihe und blättern Sie dann um. Zahlen und Buchstaben sind gemischt. Nutzen Sie Ihre Fantasie beim Einprägen und suchen Sie nach Assoziationen.

1. s8 m36 D
2. G7 28 3 J 1
3. 181 N 84 M 3
4. J 78 N 43 V 19
5. 74 H 69 ff 59 d 3
6. 2 Ju 78 T 73 a56 9
7. 8 U 9 k 367 H 32 M
8. P 99 Ü 82 N 25 b 281
9. 82 H 378 U 71 J 36 H 82
10. f9 r2A K26e nf19 yx a337i

82. Genau drei Zahlen haben wir hier im Vergleich zur Originaltabelle geändert. Können Sie sagen, welche?

16	6	53	85	5	93
15	56	79	14	27	15
27	66	25	1	36	25

83. Tragen Sie hier die fehlenden Zahlen und/oder Buchstaben ein.

1. s_ m_6 _
2. G_ 2_ _ J 1
3. 1_1 _ 8_ M _
4. J _8 _ 4_ V _9
5. _4 _ 6_ f _ 5_ d _
6. 2 _u _8 _ 7_ a_6 _
7. _ U _ k _6_ H _2 _
8. P _9 _ 8_ N _5 _ 2_1
9. _2 _ 3_8 _ 7_ J _6 _ 8_
10. f_ r_A __6e n__9 __ a3__i

84. Termine IV: Heute ist ein ganz besonderer Tag! Prägen Sie sich bitte das Programm genau ein.

11. November 2007

Zehn Termine

▶ 08.00 Uhr: Frisör

▶ 09.15 Uhr: Autoschmuck abholen

▶ 10.20 Uhr: Termin beim Fotografen

▶ 12.30 Uhr: Eltern vom Bahnhof abholen

▶ 13.25 Uhr: Gasthaus Blumenschmuck

▶ 14.10 Uhr: Standesamt

▶ 15.00 Uhr: Kirche St. Martin

▶ 16.15 Uhr: Hochzeitstorte

▶ 18.00 Uhr: Brautwalzer

▶ 20.38 Uhr: Brautentführung

85. Farbiges Zahlenfeld: Können Sie sich die Zahlen und Farben in dieser Anordnung merken?

84. Haben Sie sich alle zehn Programmpunkte gut eingeprägt? Im Folgenden sind lediglich Stichwörter vorgegeben. Notieren Sie jeweils dahinter die vorgesehene Uhrzeit.

▶ Hochzeitstorte: _ _ . _ _ Uhr

▶ Autoschmuck: _ _ . _ _ Uhr

▶ Frisör: _ _ . _ _ Uhr

▶ Fotograf: _ _ . _ _ Uhr

▶ Entführung: _ _ . _ _ Uhr

▶ Eltern: _ _ . _ _ Uhr

▶ Standesamt: _ _ . _ _ Uhr

▶ Kirche: _ _ . _ _ Uhr

▶ Brautwalzer: _ _ . _ _ Uhr

▶ Blumenschmuck: _ _ . _ _ Uhr

85. Lösen Sie nun folgende Aufgaben.

1. In welcher Zeile ist die Summe der schwarzen Zahlen am größten?
   Ergebnis: _____
2. Welche Spalte weist die meisten ungeraden Zahlen auf? Welche Summe ergeben diese?
   Ergebnis: _____
3. Addieren Sie alle geraden schwarzen Zahlen.
   Ergebnis: _____
4. Ermitteln Sie die Summe aller schwarzen Zahlen der unteren beiden Zeilen.
   Ergebnis: _____
5. Ermitteln Sie die Summe aller weißen Zahlen der oberen beiden Reihen.
   Ergebnis: _____

86. Zahlwörter merken V: Merken Sie sich jeweils ein Zahlwort und blättern Sie dann um.

1. Zwölftausendsiebenhundertsiebenundsechzig

2. Achtundvierzigtausenddreihundertneunzehn

3. Zweihundertachtundneunzigtausend-
   fünfhundertsiebenundachtzig

4. Zehnmillioneneinhundertzweiund-
   sechzigtausendvierhundertacht

5. Zweiunddreißigmillionenachthundertneun-
   tausendsechshundertzehn

6. Einundvierzigmilliardendreihundertzwölf-
   millionensechzigtausendeinhundert

7. Achtzehnbillionendreihundertfünfzehn-
   milliardendreiunddreißigmillionen-
   zweiundzwanzigtausendvierundsiebzig

87. Rechenoperationen IV: Merken Sie sich bitte diese sechs Rechenschritte und den Buchstaben, der ihnen jeweils zugeordnet ist.

+ 3 ▶ Y	+ 5 ▶ N
− 4 ▶ C	x 3 ▶ B
+ 8 ▶ V	− 17 ▶ X

86. Und jetzt: »Bitte Zahlen!«: Geben Sie hier die Zahlen in Form von Ziffern wieder.

1. _____

2. _____

3. _____

4. _____

5. _____

6. _____

7. _____

87. Ersetzen Sie die Buchstaben durch die entsprechenden Rechenoperationen und lösen Sie so die Aufgaben.

3 B Y =
7 N V =
25 V X =
37 Y C =
8 B X V =
41 C X N Y =

**88. Zahlenfolge V: Prägen Sie sich diese
Reihe von Zahlen möglichst schnell ein.**

**89. Zahlen und Wörter VI: Hier sollen Sie sich
Paare aus Zahlen und Begriffen einprägen.
Nehmen Sie sich etwa zwei Minuten Zeit.**

16 = Kreuz
19 = Weg
22 = Erde
28 = Reh
30 = Toastbrot
44 = Ziege
50 = Ufer
59 = Indianer
61 = Orkan
62 = Pilot
73 = Affe
88 = Seide
90 = Diamant
95 = Feuer

Patience: Zeichenpaare

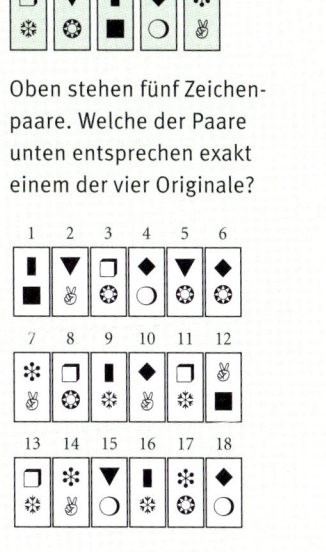

Oben stehen fünf Zeichen-
paare. Welche der Paare
unten entsprechen exakt
einem der vier Originale?

Lösung: 1, 4, 5, 7, 11, 13, 14, 18

*88. Holen Sie sich nun die Zahlenfolge ins Gedächt-
nis und finden Sie den Weg durchs Labyrinth.
Beginnen Sie links oben bei der 1 und gehen Sie
immer waagrechte oder senkrechte Schritte, wobei
Sie immer auf die Zahlen springen, die durch die
Zahlenfolge vorgegeben sind. Wo endet der Weg?*

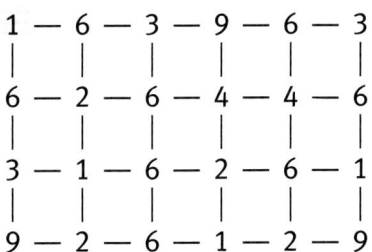

*89. Rufen Sie sich Zahlen und Begriffe ins Gedächt-
nis und entscheiden Sie, welches Wort eines Paares
zur größeren Zahl gehört. Tragen Sie entsprechend
»‹« oder »›« ins Kästchen dazwischen ein.*

Ziege ☐ Affe

Feuer ☐ Reh

Orkan ☐ Pilot

Toastbrot ☐ Kreuz

Pilot ☐ Ufer

Erde ☐ Indianer

Kreuz ☐ Diamant

Indianer ☐ Weg

Toastbrot ☐ Seide

90. Zahlwörter merken VI: Merken Sie sich jeweils ein Zahlwort und blättern Sie dann um.

1. Vierundsiebzigtausendfünfhundertneunundsiebzig

2. Einundzwanzigtausendsechshundertneunundzwanzig

3. Neunhundertdreiundneunzigtausendfünfhundertvierundfünfzig

4. Elfmillionenvierundfünfzigtausendachthundertachtundsechzig

5. Fünfhundertsechsunddreißigtausendsechshunderteinundzwanzig

6. Achtmilliardendreihundertsiebenmillionenachthundertfünfundvierzigtausendvierhundertzweiundsechzig

7. Vierbillionendreihundertfünfundvierzigmilliardenzwanzigmillionenzehntausend

91. Zahlentabelle V: Merken Sie sich diese Zahlen. Doch keine Sorge! Auf der nächsten Seite müssen Sie diese nur wiedererkennen. Sie sollten daher nicht nur auf die nummerischen Werte achten, sondern auch auf das Aussehen.

628	154	992	77	357	951
456	852	753	262	147	747
292	321	598	487	265	365

90. Und jetzt: »Bitte Zahlen!«: Geben Sie hier die Zahlen in Form von Ziffern wieder.

1. _____

2. _____

3. _____

4. _____

5. _____

6. _____

7. _____

Kalkuliere: Quersummen

Errechnen Sie so schnell Sie können die Quersummen folgender Zahlen:

63254 ▶ _____, 487953 ▶ _____, 3824517 ▶ _____,
28785981 ▶ _____, 3591747841 ▶ _____

91. Genau drei Zahlen haben wir hier geändert. Können Sie sagen, welche?

486 154 992 852 357 951

456 852 753 262 147 747

292 568 598 487 265 365

Trainings-Doppel II

In dieser Übung sollen Sie zunächst einen Satz auswendig lernen. Verdecken Sie diesen dann und lösen Sie die Kopfrechenaufgabe darunter. Anschließend notieren Sie im untersten Feld aus der Erinnerung von allen einzelnen Wörtern des auswendig gelernten Satzes jeweils den zweiten Buchstaben.

---

1. Der pH-Wert ist ein Maß für die Stärke der sauren oder basischen Wirkung einer wässrigen Lösung.

$$7 + 6 + 15 - 9 + 23 = \rule{2cm}{0.4pt}$$

---

2. Die Komplexität der Gedächtnisleistung nimmt mit der Entwicklung des Zentralnervensystems zu.

$$3 \times 9 + 48 = \rule{2cm}{0.4pt}$$

---

3. Das Akademische Viertel ist an vielen Universitäten in Deutschland, Österreich und der Schweiz üblich.

$$53 \times 9 = \rule{2cm}{0.4pt}$$

---

4. Heute wird Satellitennavigation vermehrt auch im zivilen Bereich genutzt: in der Seefahrt oder im Auto.

$$63 \times 24 = \rule{2cm}{0.4pt}$$

Fakten, Fakten, Fakten

Beim Merken von Fakten gilt folgende Gesetzmäßigkeit: Je größer das bereits vorhandene Wissen, desto leichter kann man weiteres Wissen damit vernetzen und abspeichern. Die Befürchtung, der Kopf könnte irgendwann voll sein und nur noch schwer etwas Neues aufnehmen, ist demnach völlig unbegründet. Wenn Sie also Fakten lernen wollen: Versuchen Sie unbedingt, sie gedanklich zu durchdringen und thematisch einzuordnen.

92. Planet verschwunden: Bitte möglichst aufmerksam lesen und Details einprägen.

Unser Sonnensystem hat einen Planeten weniger. Pluto ist kein Planet mehr! Das jedenfalls hat die Internationale Astronomische Union (IAU) 76 Jahre nach seiner Entdeckung am 24. August 2006 bestimmt, als sie den Begriff »Planet« neu definierte. Bis dahin galt er als der neunte und am weitesten von der Sonne entfernte Planet des Sonnensystems. Pluto ist um einiges kleiner als der Erdmond und bewegt sich um die Sonne auf einer elliptischen Bahn. Er ist nach dem römischen Gott der Unterwelt benannt.

93. Kultige TV-Zwerge: Bitte möglichst aufmerksam lesen und Details einprägen.

»Gu'n Aabndd!« Am 1. April 1963 gaben die sechs Mainzelmännchen ihr Debut im ZDF. Die Idee zu den lustigen Zeichentrickfiguren hatte der Designer und Bühnenbauer Wolf Gerlach. Vier Jahre später konnte man den nimmersatten Anton, den fleißigen Berti, den musischen Conni, den schlauen Det, den schelmischen Edi und das sportliche Fritzchen auch in Farbe sehen, denn am 25. August 1967 starteten ARD und ZDF auf der Internationalen Funkausstellung in West-Berlin das Farbfernsehen für Deutschland.

92. Fragen zum Text:

1. In welchem Jahr wurde Pluto entdeckt?

———————————————————————

2. Wofür steht die Abkürzung IAU?

———————————————————————

3. Wie viele als solche anerkannte Planeten verbleiben
nun in unserem Sonnensystem?

———————————————————————

4. Nach wem wurde Pluto benannt?

———————————————————————

93. Fragen zum Text:

1. Wann traten die Mainzelmännchen zum
ersten Mal auf?

———————————————————————

2. Wie heißt ihr geistiger Vater?

———————————————————————

3. Wie heißen die sechs spaßigen Gesellen?

———————————————————————

4. Wann startete das Farbfernsehen?

———————————————————————

5. Wie lange waren die Mainzelmännchen nur in
Schwarz-Weiß zu sehen?

———————————————————————

94. Die Wetterinseln: Bitte möglichst aufmerksam lesen und Details einprägen.

Laut der Website www.wetter.de soll es auf der Inselgruppe der Azoren im November durchschnittlich 19 °C warm sein. Das Wasser des Atlantiks ringsum hat zu dieser Zeit fast dieselbe Temperatur. Auf São Miguel, der größten der neun Inseln, kann man zu dieser Zeit noch viele blühende Pflanzen bewundern. Die zu Portugal gehörende Inselgruppe erfreut sich wachsender Beliebtheit bei Naturliebhabern, die hier ganz auf ihre Kosten kommen.

95. Todesjubiläum eines »Popstars«: Bitte möglichst aufmerksam lesen und Details einprägen.

2006 war für die ganze klassische Musikszene ein »Mozartjahr«. Zu Ehren des 250 Jahre zuvor geborenen österreichischen Komponisten Wolfgang Amadeus Mozart fanden so viele Veranstaltungen statt, dass man schon eine Übersättigung befürchtete. Doch seiner unsterblichen Melodien, Musikstücke und Opern wird man wohl nie überdrüssig. Der Schöpfer der *Serenade für Streicher in G-Dur* (besser bekannt als *Eine kleine Nachtmusik,* Köchelverzeichnis 525) starb viel zu früh im Alter von nur 35 Jahren. Irritierenderweise besuchte seine Witwe Constanze sein Grab erst 17 Jahre nach seinem Tod.

94. Fragen zum Text:

1. Wo liegen die Azoren?

_____

2. Wie viele Inseln gehören zu den Azoren?

_____

3. Wie heißt die größte der Azoreninseln?

_____

4. Welche Durchschnittstemperatur herrscht dort?

_____

5. Bei wem ist die Insel besonders beliebt?

_____

95. Fragen zum Text:

1. In welchem Jahr starb Wolfgang Amadeus Mozart?

_____

2. Wie hieß Mozarts Frau?

_____

3. Wie lautet der offizielle Name der *Kleinen Nachtmusik*?

_____

4. In welchem Jahr besuchte Mozarts Witwe erstmals
   sein Grab?

_____

5. Wie heißt das Werkeverzeichnis Mozarts?

_____

96. Universaler Wettkampf: Bitte möglichst aufmerksam lesen und Details einprägen.

Am 29. Juli 1955 kündigte der amerikanische Präsident Dwight D. Eisenhower an, dass die USA nun den Weltall erobern und dafür Satelliten bauen wollten. Nur wenige Tage später antwortete die Sowjetunion mit einer ähnlichen Ankündigung. Und nur unfassbar kurze Zeit später, am 4. Oktober 1957, war es so weit: *Sputnik I,* der erste von Menschenhand erbaute Satellit, hob vom nun so genannten Weltraumbahnhof Baikonur in Kasachstan ab. Der Wettlauf im All hatte begonnen, und die Sowjetunion hatte für einen Moment die Nase vorn.

97. Akustische Harmonielehre: Bitte möglichst aufmerksam lesen und Details einprägen.

Ein Akkord ist in der Musik der Zusammenklang von – normalerweise mindestens drei – verschieden hohen Tönen. Stehen diese drei Töne in Terzen zueinander (der jeweils dritte Ton zum vorhergehenden), spricht man von einem Dreiklang. Der Dreiklang besteht aus einem Grundton, dem Terzton (das ist der dritte Ton) und dem Quintton (der fünfte Ton vom Grundton aus gezählt, aber auch der dritte von der Terz aus). Dreiklänge gibt es in Moll und in Dur.

96. Fragen zum Text:

1. Welches Land schickte den ersten Satelliten in den Weltraum?

_____

2. Wie hieß der Satellit?

_____

3. Welcher Präsident kündigte die Eroberung des Weltalls an?

_____

4. An welchem Datum hob der erste Satellit ab?

_____

5. Wie heißt der kasachische Weltraumbahnhof?

_____

97. Fragen zum Text:

1. Woraus besteht ein Dreiklang?

_____

2. Der dritte Ton im Dreiklang ist wie weit vom Grundton entfernt?

_____

3. Was ist ein Akkord?

_____

4. Der wie vielte Ton ist die Quint?

_____

98. Das Verdauungssystem: Bitte möglichst aufmerksam lesen und alle Details einprägen.

Der menschliche Verdauungstrakt besteht aus Speiseröhre, Magen, Zwölffingerdarm, Dünndarm, Blinddarm, Appendix, Grimmdarm, Mastdarm und Anus. Der Darm ist der wichtigste Teil des Verdauungstraktes. Er kann bis zu 8 Meter lang werden und hat eine Oberfläche von 400 bis 500 m^2 – je nach Größe des Menschen. Der Verlauf des Grimmdarms sieht aus wie ein umgedrehtes offenes U. Seine fünf Abschnitte heißen aufsteigender, querverlaufender, absteigender Grimmdarm, Sigma und Enddarm mit Anus.

99. Der schnellste Deutsche aller Zeiten: Bitte möglichst aufmerksam lesen und Details einprägen.

»Weltrekorde werden verbessert, der Olympiasieg bleibt«, hat er einmal gesagt. Und deshalb ist ihm seine spektakuläre Bestleistung immer noch weniger wert als die Goldmedaille, die er einst errang: Armin Harry war der erste Mensch, der die 100 Meter in 10,0 Sekunden lief. 1960 war das. Und er ist der einzige Deutsche, der jemals bei Olympischen Spielen den 100-Meter-Sprint gewonnen hat. Heute widmet sich die Sportlegende, die 2007 70 Jahre alt geworden ist, der Förderung junger Talente. Im Internet kann man sich unter www.aha-f.de darüber informieren.

98. Fragen zum Text:

1. Wie groß ist die Fläche des Darms beim Erwachsenen?

_____

2. Welche Abschnitte hat das Verdauungssystem?

_____

3. Welcher Darmabschnitt ist U-förmig?

_____

4. Wie lang kann der menschliche Darm werden?

_____

5. Wie viele Abschnitte hat der Grimmdarm?

_____

99. Fragen zum Text:

1. Was war waren die beiden großen sportlichen Erfolge Armin Harrys?

_____

2. In welchem Jahr kam Harry zur Welt?

_____

3. Welche Internetadresse informiert darüber?

_____

4. Wann lief Harry erstmals 100 Meter in 10 Sekunden?

_____

5. Welche Nationalität hat Harry?

_____

100. Kaiserliche Fehlprognose: Bitte möglichst aufmerksam lesen und Details einprägen.

»Ich glaube an das Pferd. Das Auto ist eine vorübergehende Modeerscheinung.« Wilhelm II. (* 1859, Berlin, † 1941, Doorn, Holland) hat das gesagt, der deutsche Kaiser und König von Preußen. Mit dieser Einschätzung lag er gründlich daneben, denn nach seiner Erfindung am 3. Juli 1886 durch Carl Benz nahm das Automobil eine stürmische und ungeheuer erfolgreiche Entwicklung. Heute gilt das Hauptaugenmerk der Ingenieure drei Punkten: der Umweltverträglichkeit, der Sicherheit und der Informationselektronik.

101. So einfach ist Winzern: Bitte möglichst aufmerksam lesen und Details einprägen.

Wein herzustellen ist eigentlich leicht: In der Presse werden die Trauben zerdrückt, und der austretende Saft kommt mit Hefepilzen in Berührung, die auf den Beeren siedeln. Hefepilze *(Saccharomyces cerevisiae)* fressen den Zucker und verwandeln ihn in Alkohol und Kohlenstoffdioxid: die alkoholische Gärung. Aufgabe des Winzers ist es, dafür zu sorgen, dass dabei die richtigen Verbindungen entstehen und die Bildung der falschen verhindert wird. In Langenlois (Wachau, Niederösterreich) wird dieser Vorgang für alle fünf Sinne erlebbar gemacht: im so genannten Loisium, einer Art Weinerlebniswelt.

100. Fragen zum Text:

1. Wann und wo wurde Wilhelm II. geboren?

_____

2. Wann erfand Carl Benz das Automobil heutiger
   Prägung?

_____

3. Auf welche drei Punkte achten die Entwicklungs-
   ingenieure heute besonders?

_____

4. Wo war Wilhelm II. König?

_____

101. Fragen zum Text:

1. Was versteht man unter alkoholischer Gärung?

_____

2. Worauf muss der Winzer dabei achten?

_____

3. Wo kann der Besucher den Weg von der Traube zum
   Wein mit allen fünf Sinnen erfahren?

_____

4. Wie ist der lateinische Fachbegriff für den Hefepilz?

_____

5. Wovon ernähren sich die Hefepilze?

_____

102. Spanisches Künstlerherz: Bitte möglichst aufmerksam lesen und Details einprägen.

In Joan Miró, dem 1893 in Barcelona geborenen spanischen Maler, Grafiker und Bildhauer, schlug schon immer ein Künstlerherz – das er vielleicht von seinem Vater »ererbt« hatte, denn der war Goldschmied. Trotzdem aber zwang der Vater seinen Sohn zunächst zu einer bürgerlichen Laufbahn: Miró begann eine kaufmännische Ausbildung. Erst ein Nervenzusammenbruch des Sohns überzeugte den Vater, dass Joan in der Kunst besser aufgehoben war. Miró starb am 25.12.1983 in hohem Alter in Palma de Mallorca.

103. Es ist einfach so: Bitte möglichst aufmerksam lesen und Details einprägen.

Auf einen in die Luft geworfenen Gegenstand wirken zwei Kräfte: der Luftwiderstand und gleichzeitig eine Kraft nach unten. Dieser Kraft gab Sir Isaac Newton (* 1643, † 1727) den Namen Schwerkraft oder Gravitationskraft. Newton, einer der berühmtesten Wissenschaftler aller Zeiten, versuchte zu erklären, warum die Himmelskörper am Himmel ihre Bahnen ziehen können, und er formulierte die Theorie von der Gravitation. Tatsächlich kann bis heute immer noch niemand genau erklären, was das ist, die Schwerkraft. Nur was sie bewirkt, das weiß man.

102. Fragen zum Text:

1. Wie alt wurde Miró?

_____

2. Welchen Beruf übte sein Vater aus?

_____

3. Wo starb Miró?

_____

4. Was für eine Ausbildung begann Miró?

_____

5. Wo kam Miró zur Welt?

_____

103. Fragen zum Text:

1. Wie heißen die beiden Kräfte, die auf einen in die Luft
   geworfenen Gegenstand wirken?

_____

2. Welches Problem versuchte Newton zu lösen?

_____

3. Von wann bis wann lebte Sir Isaac Newton?

_____

4. Welche Kraft kann bis heute noch niemand erklären?

_____

104. Ein winziger, aber heiliger Staat: Bitte möglichst aufmerksam lesen und Details einprägen.

Er ist zwar der kleinste Staat der Erde, aber von ihm gehen wichtige Impulse in alle Welt aus: Der Staat Vatikanstadt (wie er richtig heißt), eine Enklave innerhalb der Stadt Rom hat eine Fläche von 0,44 qkm und etwas mehr als 500 Staatsbürger. Seine Staatsform ist die absolute Monarchie, als Staatsoberhaupt fungiert der Papst. Seit dem 19. April 2005 heißt der Papst Benedikt XVI. Papst Benedikt (mit bürgerlichem Namen Joseph Alois Ratzinger) ist Deutscher.

105. Mythischer Fürst: Bitte möglichst aufmerksam lesen und Details einprägen.

Gesualdo, wie er heute nur genannt wird, ist eine von Mythen umrankte Person. Der 1566 in Neapel geborene Fürstensohn erhielt eine musikalische Ausbildung und wurde 1586 regierender Fürst in Venosa. Fortan nannte er sich Don Carlo Gesualdo, Principe di Venosa. Gesualdo gilt als eine der schillerndsten Figuren der Musikgeschichte. Das liegt zum einen an seinem künstlerischen Schaffen, das weit in die Zukunft weist, zum anderen aber daran, dass er des dreifachen Mordes beschuldigt wurde: an seiner ersten Ehefrau, ihrem Geliebten und einem kleinen Mädchen, dessen Erzeuger unbekannt war. Gesualdo starb, von Depressionen gepeinigt, im Jahr 1613.

104. Fragen zum Text:

1. Welche Staatsform herrscht im Staat Vatikanstadt?

_____

2. Wer ist das Oberhaupt des Staates?

_____

3. Wann wurde der amtierende Papst gewählt?

_____

4. Wie viele Staatsbürger hat Vatikanstadt?

_____

5. Welche Taufnamen und welchen bürgerlichen
   Nachnamen trägt Benedikt XVI.?

_____

105. Fragen zum Text:

1. Wie heißt Gesualdo mit vollem Namen?

_____

2. Wie alt ist er geworden?

_____

3. Was zeichnet Gesualdo aus?

_____

4. In welcher Verfassung starb er?

_____

5. Welcher Verbrechen wurde er beschuldigt?

_____

106. Not macht erfinderisch: Bitte möglichst aufmerksam lesen und Details einprägen.

Um ihr Versteck nicht zu verraten, hatten die Maroons das *Jerking* entwickelt. Maroons waren Sklaven auf Jamaika, die sich in die Berge zurückgezogen hatten und dort in Gruppen lebten. Man nannte sie nach dem spanischen Wort *marrón*, also wild. Beim Jerking wird mariniertes Schweinefleisch unter der Erde gegrillt und bekommt durch das Aroma des Holzes eine ganz besondere Würze – ohne dass aufsteigender Rauch die Köche verraten kann. Heute gibt es überall auf Jamaika *jerk pork, jerk chicken* und *jerk fish* (Schweinefleisch, Hühnchen, Fisch).

107. Walt Disney: Bitte möglichst aufmerksam lesen und Details einprägen.

Am 5. Dezember 1901 kam in Chicago ein Junge zur Welt, der eine der prägenden Gestalten des 20. Jahrhunderts werden sollte: Walt Elias Disney! Seine Biografie ist der Inbegriff des »amerikanischen Traums«: Disney wuchs in ärmlichsten Verhältnissen auf (sein Vater war ein erfolgloser Farmer), errang aber mit seinen Zeichentrickfiguren unsterblichen Ruhm. Der Durchbruch gelang ihm mit Mickey Mouse in dem Film *Steamboat Willie* – uraufgeführt am 18. November 1928 in New York. Disney starb 1966, aber Goofy, Micki, Donald Duck – sie leben weiter!

106. Fragen zum Text:

1. Wie hießen die geflohenen Sklaven Jamaikas?

_____

2. Was versteht man unter *Jerking?*

_____

3. In welchen Varianten gibt es heute *Jerk* auf Jamaika?

_____

4. Wie behandelt man das Fleisch vor dem *Jerking?*

_____

107. Fragen zum Text:

1. Wie alt war Disney, als ihm der Durchbruch mit Mickey Mouse gelang?

_____

2. Wie lautet Disneys zweiter Vorname?

_____

3. In welcher Stadt wurde er geboren?

_____

4. Wie hieß der Film, der ihm zum Erfolg verhalf?

_____

5. Welchen Beruf hatte sein Vater?

_____

6. In welchem Jahr starb Disney?

_____

108. Märchenerzähler: Bitte möglichst aufmerksam lesen und Details einprägen.

In erster Linie kennt man Jacob und Wilhelm Grimm als Sammler von Märchen. Aber die beiden in Hanau geborenen Brüder waren weitaus mehr als das. Unter den Philologen, also den Sprach- und Literaturwissenschaftlern, nehmen sie den Rang der »Gründungsväter« dieser Wissenschaft bzw. der Germanistik ein. Eine der wichtigsten Quellen der von den Brüdern gesammelten, in der Sprache geglätteten und in der Aussage und im Ausdruck überarbeiteten Märchen war Dorothea Viehmann, eine Nachfahrin der in Frankreich verfolgten Hugenotten.

109. Das Einmaleins der Edelsteine: Bitte möglichst aufmerksam lesen und Details einprägen.

Als Edelsteine bezeichnet man seltene und deshalb wertvolle Mineralien. Meist werden Edelsteine zu kristallähnlichen Formen geschliffen. Diamanten heißen bei entsprechendem Schliff Brillanten. Ansonsten nennt man geschliffene Edelsteine auch Juwelen. Der Schliff verstärkt die Lichtreflexion und den Glanz. Andere Verarbeitungsmethoden nehmen Einfluss auf die Farbe. So ändert beispielsweise ein gebrannter Amethyst (Wärmebehandlung) seine Farbe von Violett nach Gelb.

108. Fragen zum Text:

1. Wie heißen die Brüder Grimm mit Vornamen?

_____

2. Wie hieß eine ihrer wichtigsten Quellen?

_____

3. Welche Wissenschaft haben die Brüder Grimm
   begründet?

_____

4. Wo wurden die Brüder Grimm geboren?

_____

109. Fragen zum Text:

1. Welche Möglichkeiten der Verarbeitung von
   Edelsteinen werden erwähnt?

_____

2. Was für Gesteinsarten nennt man Edelsteine?

_____

3. Wie nennt man geschliffene Diamanten?

_____

4. Was bewirkt der Schliff bei Edelsteinen?

_____

5. Welche Farbe kann ein Amethyst durch Wärmebehandlung annehmen?

_____

110. Eine Herzensangelegenheit: Bitte möglichst aufmerksam lesen und Details einprägen.

Der südafrikanische Herzchirurg Christiaan Barnard (* 1922, † 2001) leitete am 3. Dezember 1967 das Transplantationsteam. Fünf Stunden dauerte die Operation, die Louis Washkansky ein neues Herz schenkte. Zum ersten Mal in der Geschichte der Menschheit glückte eine Herztransplantation. Washkansky überlebte die Operation, dann zog er sich jedoch eine Lungenentzündung zu, an der er schließlich nach 18 Tagen starb. Schon einen Monat später, am 2. Januar 1968, erhielt ein zweiter Patient ein neues Herz. Dieser, der Zahnarzt Philip Blaiberg, lebte danach noch 19 Monate mit dem neuen Herzen.

111. Ein großer Komponist: Bitte möglichst aufmerksam lesen und Details einprägen.

Er schrieb die Musik zu den Nobody-Filmen mit Terence Hill (Regie: Sergio Leone), ist bisher fünfmal für den »Oscar« nominiert worden und hat mit dem eindringlichen Mundharmonikathema zu Beginn des Westerns *Spiel mir das Lied vom Tod* als Künstler Unsterblichkeit erlangt: Der Italiener Ennio Morricone, geboren am 10. November 1928 in Trastevere, Rom, ist einer der produktivsten und erfolgreichsten Filmmusikkomponisten des 20. Jahrhunderts. Zu über 500 Filmen hat er Kompositionen beigesteuert.

110. Fragen zum Text:

1. Wie alt war Barnard bei der ersten Herztransplantation?

_____

2. Welchen Beruf hatte der zweite Herzpatient?

_____

3. Welche Komplikation wurde dem Patienten Louis Washkansky zum Verhängnis?

_____

4. Wie lange dauerte die erste Herztransplantation?

_____

111. Fragen zum Text:

1. Wer führte bei den _Nobody_-Filmen Regie?

_____

2. Wie ist der Geburtsort von Ennio Morricone genau angegeben?

_____

3. Wann hat Morricone seinen 70. Geburtstag gefeiert?

_____

4. Welches Instrument spielt das Titelthema seiner berühmtesten Western-Filmmusik?

_____

5. Für wie viele Filme hat Morricone komponiert?

_____

112. Eine Frage der Einstellung: Bitte möglichst aufmerksam lesen und Details einprägen.

Im Film gibt es mehrere »Einstellungsgrößen«. Sie sind entscheidend für die Bildwirkung. Die vier wichtigsten: Die Totale gibt einen Überblick über den Ort der Handlung und das Geschehen. Die Halbtotale zeigt die handelnde Person in voller Größe; ihr Akzent liegt auf der Aktion. Die Nah- oder Großeinstellung macht seelische Regungen erkennbar durch den am Gesicht ablesbaren Ausdruck innerer Vorgänge. Detaileinstellungen greifen Einzelheiten groß heraus.

113. Pippis geistige Mutter: Bitte möglichst aufmerksam lesen und Details einprägen.

Die wohl bekannteste Kinderbuchautorin unserer Zeit ist Astrid Lindgren († 2002). Am 14. November 1907 kam sie in dem kleinen schwedischen Ort Vimmerby in der Provinz Smøland zur Welt. Lindgren lässt in ihren Werken das Bild einer unbeschwerten Kindheit entstehen, wie sie sie nach eigenen Angaben auch selbst erleben durfte. Trotzdem blickt uns auf dem Bild der 17-Jährigen eine ernste junge Frau entgegen – kaum zu glauben, dass sie die Schöpferin der unsterblichen Pippi Langstrumpf ist. Allein für die Pippi hätte sie den Nobelpreis für Literatur verdient – aber sie hat ihn nie erhalten. Und posthum wird die Krone aller Preise nicht verliehen.

112. Fragen zum Text:

1. Was zeigt und wozu dient die Halbtotale?

_____

2. Welche Einstellung zeigt seelische Regungen am besten?

_____

3. Welche Einstellungen zeigen Einzelheiten groß im Bild?

_____

4. Wie viele Einstellungsgrößen werden im Text erläutert?

_____

113. Fragen zum Text:

1. Wann hätte die Schriftstellerin ihren hundertsten
   Geburtstag feiern können?

_____

2. In welchem Land war Astrid Lindgren zu Hause?

_____

3. Wie heißt die Provinz, in der Astrid Lindgren zur
   Welt kam?

_____

4. Hatte Astrid Lindgren eine schöne Kindheit?

_____

5. In welchem Alter zeigt das erwähnte Jugendbild
   die Autorin?

_____

114. Singende Pilzköpfe: Bitte möglichst aufmerksam lesen und Details einprägen.

I want to hold your hand – was sang man 1964 doch für züchtige Lieder! Die Beatles standen mit diesem Song von März bis April auf Platz 1 der deutschen Hitparade. Vielleicht war das einer der Gründe, weswegen sie das Lied auch mit einem deutschen Text einspielten: *Komm gib mir deine Hand.* Der andere auf Deutsch gesungene Song hieß *Sie liebt dich* (im Original *Yeah! Yeah! Yeah!*). Beide Lieder wurden in den Pathé-Maconi-Studios in Paris aufgenommen: Engländer singen in Frankreich auf Deutsch!

Babylonisch: Sprachverwirrung

Die Buchstaben welcher Wörter wurden hier vermixt?

WSESIANSCHLICHFTE RENEXPETEIM

Lösung: WISSENSCHAFTLICHE EXPERIMENTE

115. Emanzipierte Leistung: Bitte möglichst aufmerksam lesen und Details einprägen.

Im März und April 1964 umrundete die damals 39 Jahre alte US-Amerikanerin Geraldine »Jerrie« Mock als erste Frau im Alleinflug die Erde. Dies gelang der in Newark, Ohio, geborenen Pilotin mit einer Cessna 180, die den Namen *Spirit of Columbus* trug. Der Flug dauerte 29 Tage, 11 Stunden und 59 Minuten vom Start bis zur Landung in Columbus (Ohio) und endete am 17. April.

114. Fragen zum Text:

1. Wie heißt die deutsche Version von *Yeah! Yeah! Yeah!* ?

_____

2. Wie heißt die deutsche Fassung von
   I want to hold your hand?

_____

3. Wie heißt das Studio, in dem diese beiden Lieder aufgenommen wurden?

_____

4. Von wann bis wann stand *I want to hold your hand*
   auf Platz 1 der deutschen Hitparade?

_____

115. Fragen zum Text:

1. Wie lautet der Spitzname von Geraldine Mock?

_____

2. In welchem Jahr wurde die Pilotin geboren?

_____

3. Mit welchem Flugzeugtyp umrundete Geraldine Mock
   die Erde?

_____

4. Auf welchen Namen war dieses Flugzeug getauft?

_____

5. Wie lange dauerte Mocks erste Erdumrundung?

_____

116. Das Spiel der Könige: Bitte möglichst aufmerksam lesen und Details einprägen.

Beim Schach (persisch: Schah, der König, deswegen auch das »königliche Spiel«), bewegen zwei Spieler abwechselnd Spielfiguren auf einem Spielbrett mit dem Ziel, die als König bezeichnete Spielfigur des Gegners so anzugreifen, dass dieser keine Möglichkeit hat, den König zu schützen. Diese Stellung heißt Schachmatt (vom Arabischen as-sah mata = der Schah ist gestorben). Gegenmaßnahmen sind a) die angreifende Figur entfernen (schlagen), b) den König durch eine eigene Figur decken oder c) den König auf ein nicht angegriffenes Feld ausweichen lassen.

117. Das klassische Streichorchester: Bitte möglichst aufmerksam lesen und Details einprägen.

Das klassische Streichorchester umfasst mehrere Instrumentengruppen. In der Regel sind dies: Holzbläser, Blechbläser, Schlaginstrumente, Streicher und Zupfinstrumente. In dieser Reihenfolge (von oben nach unten) stehen die Stimmen normalerweise in der Partitur. Eine Partitur ist die untereinander angeordnete Zusammenstellung aller Einzelstimmen einer Komposition in Notenschrift. Bei den Streichern sind die Stimmen mehrfach besetzt, bei den anderen Instrumentengruppen dagegen nur einfach.

116. Fragen zum Text:

1. Warum heißt Schach auch das »königliche Spiel«?

_____

2. Was bedeutet »schachmatt«?

_____

3. Welche drei Abwehrmöglichkeiten hat ein Spieler, dessen König angegriffen wird?

_____

4. Aus welcher Sprache leitet sich das Wort Schach ab?

_____

117. Fragen zum Text:

1. Was zeigt eine Partitur?

_____

2. Welche zwei Arten von Blasinstrumenten werden genannt?

_____

3. In welcher Reihenfolge zeigt die Partitur die Instrumente?

_____

4. Welche Instrumentengruppe hat mehrfach besetzte Stimmen?

_____

5. Wie viele Instrumentengruppen gibt es?

_____

118. Ungeehrte Friedensliebe: Bitte möglichst aufmerksam lesen und Details einprägen.

»Den Friedensnobelpreis verdienen die Eskimos, denn sie kennen den Krieg nicht einmal dem Namen nach«, soll Harold Fleming gesagt haben, ein ehemaliger englischer Fußballspieler. Aber nicht nur die Eskimos mussten auf die höchste aller Ehrungen verzichten, auch Mahatma Gandhi erhielt sie zeitlebens nicht – obwohl er nominiert war. Er wurde am 30. Januar 1948 in Neu-Delhi ermordet, hätte aber, damit er auch posthum hätte geehrt werden können, am 31. Januar noch leben müssen. Das jedenfalls bestimmten bis 1972 die Statuten des Nobel-Komitees.

119. Der Bundeskanzler: Bitte möglichst aufmerksam lesen und Details einprägen.

Der Bundeskanzler ist der Regierungschef. Er wird auf Vorschlag des Bundespräsidenten vom Bundestag gewählt (Art. 63 Grundgesetz). Seine Amtszeit endet mit der Wahlperiode des Bundestages. Vor deren Ablauf kann der Bundeskanzler nur durch ein »konstruktives Misstrauensvotum« aus dem Amt gedrängt werden. Dazu wählt der Bundestag mit der Mehrheit seiner Mitglieder einen Nachfolger. Im Bundestag gab es bisher nur zwei Misstrauensvoten: das gegen Willy Brandt am 27. April 1972 und das gegen Helmut Schmidt am 1. Oktober 1982.

118. Fragen zum Text:

1. Welcher englische Fußballspieler schlug die Eskimos
   für den Friedensnobelpreis vor?

_____

2. In welchem Jahr änderte das Nobelpreiskomitee seine
   Statuten zur posthumen Verleihung des Preises?

_____

3. Wo wurde Mahatma Gandhi ermordet?

_____

4. An welchem Datum geschah dies?

_____

119. Fragen zum Text:

1. Welcher Artikel regelt die Wahl des Bundeskanzlers?

_____

2. Was ist das konstruktive Misstrauensvotum?

_____

3. In welchen Jahren fanden die beiden bisher erfolgten
   Misstrauensvoten statt?

_____

4. Wer ist der Regierungschef Deutschlands?

_____

5. Wer wählt in Deutschland den Regierungschef?

_____

Trainings-Doppel III

In dieser Übung sollen Sie zunächst einen Satz auswendig lernen. Verdecken Sie diesen dann und lösen Sie die Kopfrechenaufgabe darunter. Anschließend notieren Sie im untersten Feld aus der Erinnerung von allen einzelnen Wörtern des auswendig gelernten Satzes jeweils den zweiten Buchstaben.

---

1. Den Zusammenhang zwischen physikalischen Größen vermitteln physikalische Gesetze.

$56 - 49 + 33 =$ _____

---

2. Die Wissenschaft von Formen, Auftreten und Eigenschaften von Eis nennt man Glaziologie.

$16 \times 2 + 48 - 29 =$ _____

---

3. Kohlenstoffdioxid ist mit einer Konzentration von etwa 0,04 % ein natürlicher Bestandteil der Luft.

$33 \times 4 - 55 =$ _____

---

4. Eine gleichwertige Bezeichnung für den Kubikdezimeter ist das (umgangssprachlich: der) Liter.

$45 \times 17 =$ _____

Bilder über Bilder

Ein Bild sagt bekanntlich mehr als tausend Worte. Das liegt daran, dass ein Bild in komprimierter Form eine große Menge von Informationen enthalten kann, die wir intuitiv und ganzheitlich erfassen und dann als eine komplexe Information verstehen und abspeichern können. Das Gedächtnistraining mit Bildern und bildhaften Darstellungen schult Ihren Blick für visuelle Zusammenhänge. Versuchen Sie auch hier, sich die Darstellungen vor Ihrem geistigen Auge weiter auszuschmücken, sodass Sie die Details noch besser in Erinnerung behalten.

120. Fleckenfeld I: Dieses abstrakte Gebilde enthält weiße und eingefärbte Flächen. Merken Sie sich bitte genau, welche Bereiche eingefärbt sind. Wenn es Ihnen gelingt, fantasievolle Assoziationen dazu zu bilden, dann fällt das Merken leichter.

121. Zeichen, Figuren, Farben: Können Sie sich diese Zahlen und Formen sowie auch deren Lage und Farbe in zwei Minuten einprägen?

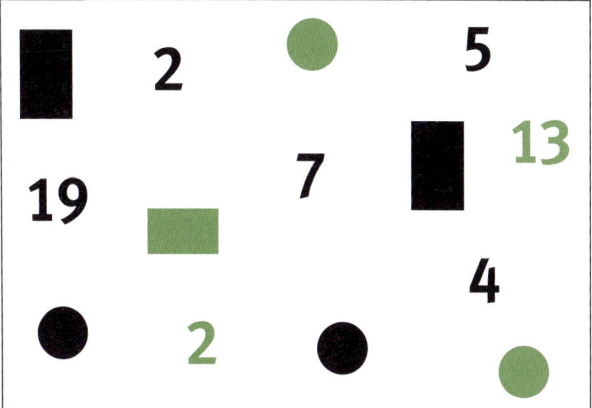

120. Konnten Sie aus den abstrakten Flecken in Ihrer Fantasie ein Bild entstehen lassen? – Dann fällt es Ihnen bestimmt nicht schwer, hier die Bereiche zu bestimmen, die eingefärbt waren.

121. Genau fünf Veränderungen, die sich auf Zahlenwert, Form und Farbe beziehen können, sollen Sie hier finden und markieren.

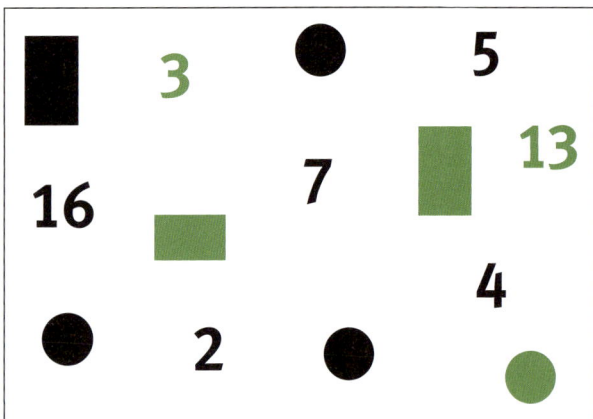

122. Farben und Formen I: Diese Figuren sollen Sie sich einprägen. Nutzen Sie dabei unterschiedliche Ansätze; bildliche und abstrakte. Sie können also einerseits versuchen, die Formen mit fantasievollen Bildern zu verknüpfen, sich andererseits aber auch ganz nüchtern die Merkmale Form, Anzahl, Eckenzahl, Farbe merken. Die Position spielt keine Rolle.

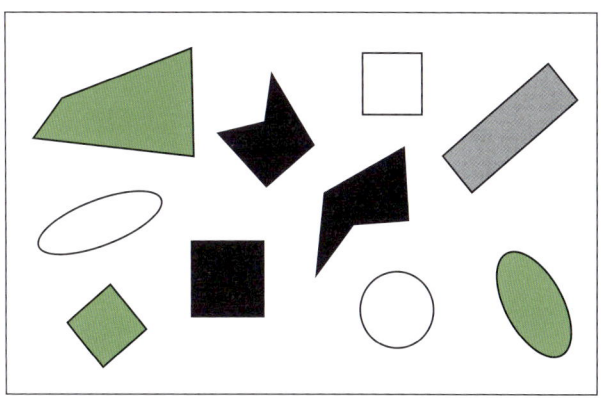

123. Karomuster: Dieses Muster sollen Sie sich innerhalb einer Minute einprägen. Es ist wichtig, dass Sie sich später an die genaue Position der grünen Felder erinnern.

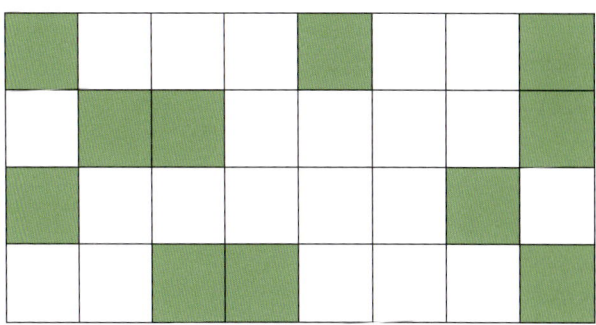

*122. Gar nicht so leicht, sich ein paar Formen
zu merken! Können Sie diese Fragen beantworten?*

1. Welche Füllungsfarbe kommt bei den Formen am
   seltensten vor?

   _____

2. Auf wie viele Ecken bringen es die schwarzen
   Figuren insgesamt?

   _____

3. Wie viele verschiedene Farben kommen vor?

   _____

4. In welchen Farben tauchen Ovale auf?

   _____

5. Wie viele Elemente sind es insgesamt?

   _____

*123. Wissen Sie noch, welche Felder grün eingefärbt
waren? Dieses Muster sollen Sie hier vor Ihrem
geistigen Auge auf das Gitter mit den Buchstaben
übertragen. Diese Felder – von links nach rechts
und von oben nach unten gelesen – offenbaren so
das Lösungswort.*

A	W	E	R	S	O	P	S
S	O	Z	R	G	L	F	I
A	J	U	Q	F	K	T	B
H	N	I	O	A	D	Z	N

Lösungswort: _ _ _ _ _ _ _ _ _

124. Streckenführung: Prägen Sie sich den Wegverlauf von A nach B ein, der auf dieser Karte eingetragen ist. Machen Sie eine Fantasiereise und
lassen Sie Gebäude, Kirchen, Wege und Straßen
vor Ihrem geistigen Auge erscheinen.

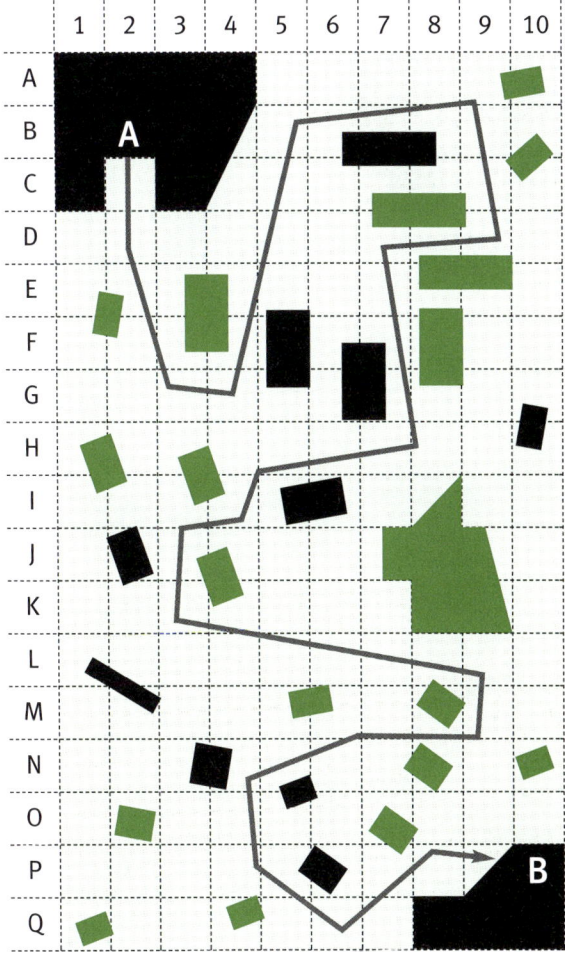

124. Zeichnen Sie hier den Weg ein, den Sie sich einprägen sollten. Wiederholen Sie dabei Ihre Fantasiereise durch die Straßen und Gassen – aber verlaufen Sie sich nicht.

125. Berufstätige Frauen: Sie lernen eine Gruppe von acht Frauen kennen, haben aber nur eine Minute, um sich deren Gesichter, Namen und Berufe einzuprägen. Gelingt es Ihnen?

Daniela
Friseurin

Ellen
Kosmetikerin

Dagmar
Sekretärin

Beate
Cellistin

Tabea
Hausfrau

Agnes
Schneiderin

Karla
Ärztin

Verena
Richterin

126. Vier Dinge: Prägen Sie sich diese vier Gegenstände und die zugehörigen Zahlen gut ein. Auf der Folgeseite sollen Sie mit diesen Bildern rechnen.

= 8   = 17

= 9   = 11

125. Können Sie sich an die acht Damen erinnern?
Dann tragen Sie hier ihre Namen und Berufe
unter den entsprechenden Abbildungen ein.

126. Ersetzen Sie die Bilder durch die jeweiligen
Zahlen, die Sie sich eingeprägt haben, und lösen
Sie diese Rechenaufgaben.

127. Muße: Das Bild zeigt eine Frau in ihrem Zimmer. Sehen Sie es sich genau an und prägen Sie sich möglichst viele Details ein.

128. Blüten: Acht relativ ähnliche Bilder sind hier dargestellt. Diese sollen Sie sich mit den zugehörigen Zahlen gut einprägen.

127. Welche dieser Aussagen sind auf das Bild bezogen richtig, welche falsch? Notieren Sie ein R für richtig bzw. ein F für falsch ins jeweilige Kästchen.

1. Rechts im Bild hängt ein Kleid. ☐
2. Die Frau stützt ihren rechten Arm auf einen kleinen Tisch. ☐
3. Das Zimmer hat einen Parkettfußboden. ☐
4. Die Frisur der Frau bedeckt ihre Ohren. ☐
5. Dunkle Vorhänge hängen neben dem Fenster. ☐
6. Zwei gleiche Lampenschirme sind im Bild zu erkennen. ☐
7. Die Frau hält eine Teetasse in ihrer linken Hand. ☐
8. Hinten hängt ein Gemälde an der Wand. ☐

128. Hier ist die Anordnung der Bilder verändert. Können Sie aus dem Gedächtnis die ursprünglichen Zahlen zuordnen?

129. Ansammlung: Prägen Sie sich dieses Sammelsurium von Gegenständen ein und versuchen Sie sich alles zu merken: genaue Gattung, Funktion, Ober- und Untergruppen sowie die jeweiligen Anzahlen der Dinge.

130. Bilderbuch-Urlauber: Wie sieht dieser Mann genau aus? Was hat er an? Versuchen Sie sich möglichst viele Details innerhalb einer Minute einzuprägen.

129. Haben Sie sich eher die bildliche Anordnung gemerkt, oder haben Sie sich die zählbaren Fakten eingeprägt? Wie auch immer Sie sich etwas einprägen – je mehr Blickwinkel Sie dabei verwenden, desto mehr fällt Ihnen später wieder ein. Und nun die Testfragen zur Aufgabe:

1. Wie viele Gegenstände sind insgesamt abgebildet?
_____

2. Und wie viele unterschiedliche Gegenstände sind es?
_____

3. Wie viele Gegenstände haben nichts mit Musik zu tun?
_____

4. Wie viele Bügeleisen haben Sie sich gemerkt?
_____

5. Wie viele Elektro-Gitarren haben Sie gezählt?
_____

6. Wie viele unterschiedliche Gitarren sind dargestellt?
_____

130. Wie sieht der Mann auf der Vorderseite im Einzelnen aus?

1. Stützt sich der Mann auf seine linke oder rechte Hand?
_____

2. Hat der Hut in seiner Hand Ecken oder Knicke?
_____

3. Ist er rasiert oder erkennt man einen Dreitagebart?
_____

4. Ist die Hose gemustert oder einfarbig?
_____

5. Können Sie einschätzen, ob der Mann schlank ist?
_____

6. Was trägt der Mann an den Füßen?
_____

131. Bildertabelle: Prägen Sie sich diese Tabelle ein. Beachten Sie auch die Koordinaten am Rand, die die Position der Motive bestimmen lassen.

132. Zahlenbild: Betrachten Sie dieses Bild und merken Sie sich die Zahlen und ihre Lage.

131. Bei den folgenden Hinweisen gilt es zunächst herauszufinden, auf welches Bild sie sich jeweils beziehen. Als Lösung geben Sie dann immer die Position des gemeinten Bildes an, also beispielsweise B4 für die Socken usw.

1. Man kann sie in Ägypten besichtigen.
   Position: _____
2. Zu einem PC gehört solch ein Gegenstand.
   Position: _____
3. In ihrem Reich gilt sie als Frau des Königs.
   Position: _____
4. Eine gesunde Fortbewegungsart.
   Position: _____
5. Wo viele Menschen einige wenige genau beobachten.
   Position: _____
6. Dort wird der Mensch entspannt und sauber.
   Position: _____
7. Er schützte den Träger vor Verletzungen.
   Position: _____

132. Tragen Sie hier die fehlenden Zahlen in die weißen Felder ein. Beachten Sie dabei, dass wir das Bild hier gespiegelt haben.

133. Kästchenmuster: Prägen Sie sich dieses Muster und damit die genaue Position der grünen Kästchen gut ein. Vielleicht gelingt es Ihnen ja sogar, ein Fantasiebild daraus zu spinnen ...

134. Fleckenfeld II: Nehmen Sie sich eine Minute Zeit und prägen Sie sich die Lage der grünen Flächen ein.

Darf ich (mir) vorstellen?

Ein paar Tricks, wie Sie Namen von Personen besser behalten

Es beginnt bei den **Vornamen.** Versuchen Sie sich eine bildhafte Vorstellung von einem Vornamen zu machen. So wie bei den folgenden Beispielen. Wir haben die beliebtesten Vornamen von 2006 herausgesucht und diese Namen jeweils mit einem Mentalbild versehen.

Jungenname	Mentalbild
1. Leon	Löwe (von Leo)
2. Maximilian	Riese
3. Alexander	Alexander der Große (griech. Herrscher)
4. Lukas	»Hau den Lukas«
5. Paul	Paulus, der bekehrte Krieger Saulus
6. Luca	Luca Toni, 1,94 m großer Fußballstar
7. Tim	Timbuktu (afrikanische Oasenstadt)
8. Felix	Glück, strahlendes Lachen
9. David	Held gegen Goliath, kleiner Siegertyp
10. Elias	Jahwe (»mein Gott ist Jahwe«)

Mädchenname	Mentalbild
1. Marie	Marienkäfer
2. Sophie	Sofa
3. Maria	Mutter Jesu
4. Anna, Anne	Anmut
5. Leonie	Löwenmutter
6. Lena	Lenin in Frauenkleidern
7. Emily	Detektivin *(Emil und die Detektive)*
8. Johanna	rote Johannisbeere
9. Laura	Aura, Frau mit Heiligenschein
10. Lea	Leertaste (leer klingt wie Lea)

Schaffen Sie nun in Ihrer Vorstellung eine bildhafte Verbindung zur Person. Etwa Tim, wie er mit einem Turban in der Oase sitzt und eine Wasserpfeife raucht. Oder Johanna, wie sie mit rot verschmiertem Mund Jonannisbeeren isst.

Bei den **Nachnamen** wird die Aufgabe meist schwieriger, es sei denn, der Name hat eine vertraute Bedeutung. Lautet der Name etwa Helm, Lach, Förster oder Zeh, dann wird nicht allzu viel Fantasie benötigt, um eine bildhafte Verknüpfung mit dem Aussehen der Person herzustellen. Meistens sind Nachnamen aber abstrakter. Dann müssen wir mehr Erfindungsreichtum aufbringen.

Am folgenden Beispiel können Sie sehen, wie sich ein Gedächtnisprofi den Namen zum Gesicht einprägt und dann – möglicherweise – nie wieder vergisst!

Frau Kleimer

»Im Geiste werden oft fantasievolle, aber dadurch auch verunstaltende Attribute benutzt, was aber nur dazu dient, sich den Namen zu merken. Frau Kleimer hat so schönes und dichtes Haar, dass ich mir vorstelle, es sei unecht und mit **»Leim«** auf ihrer Kopfhaut befestigt. In meiner Vorstellung sehe ich den weißen Klebstoff zwischen den Haaren durchblitzen.

Oft reichen solche verschrobenen Details als Gedächtnisanker. Der »Leim« führt meine Gedanken zu »Kleimer«.

Zur Sicherheit suche ich mir weitere Stützen: Eine gutes Bild wäre etwa ein **»kleiner Eimer«**, der mich an »Kleimer« erinnert. Die Verbindung zum Gesicht hätte ich in meiner Fantasie auch schon: der große Mund, in den sicher ein kleiner Eimer passen würde. Absurd, aber effektiv.

All diesen Humbug stelle ich mir im Geiste möglichst konkret und detailliert vor. So weiß ich in einem Jahr ihren Namen noch! Und dann endlich kann ich tatsächlich höflich zu ihr sein und sie mit ihrem Namen ansprechen.«

133. Übertragen Sie gedanklich das Muster aus grünen Feldern auf dieses Buchstabenfeld. Sie erhalten so – der Reihe nach gelesen – ein Lösungswort.

P	S	Ü	A	L	C	M	T
T	Q	O	W	K	E	L	X
K	H	J	I	V	S	S	B
G	U	E	Z	T	Y	S	N
I	F	D	N	S	A	R	E

Lösungswort: _ _ _ _ _ _ _ _ _ _ _ _

134. Markieren Sie hier die Teilflächen, die beim Original mit grüner Farbe gefüllt waren.

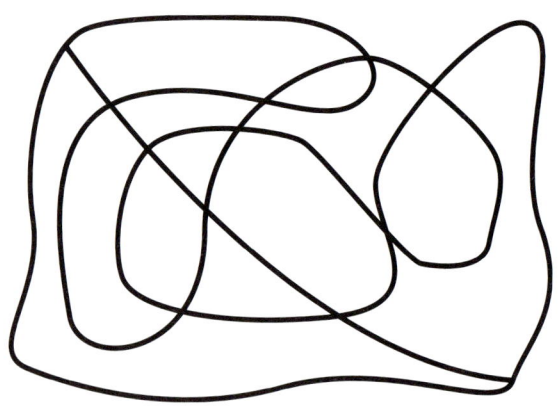

135. Straßenkarte: Prägen Sie sich den Wegverlauf von A nach B ein, der auf dieser Karte skizziert ist. Machen Sie eine Fantasiereise und lassen Sie Gebäude, Kirchen, Wege und Straßen vor Ihrem geistigen Auge erscheinen.

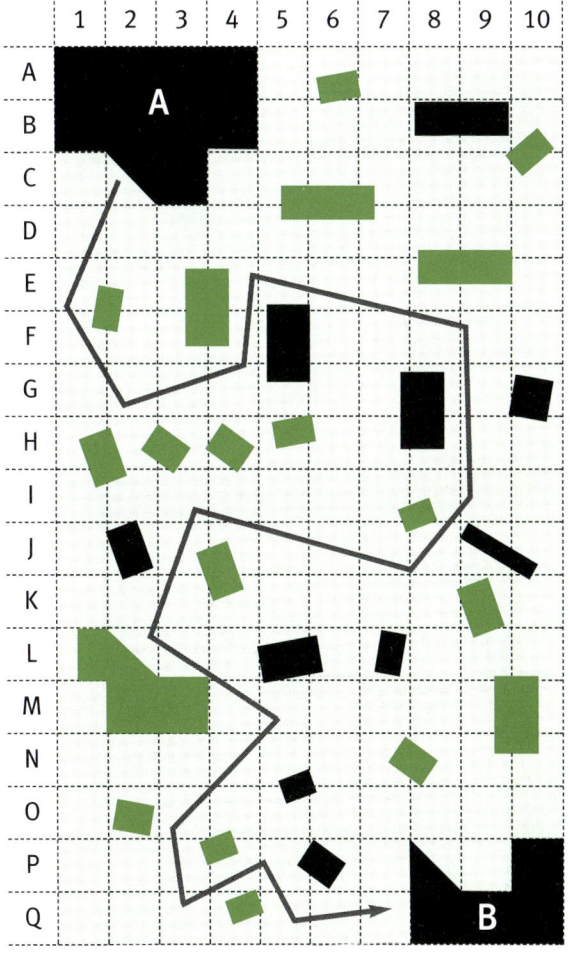

135. Zeichnen Sie hier den Weg ein, den Sie sich einprägen sollten. Wiederholen Sie dabei Ihre Fantasiereise durch die Straßen und Gassen – aber verlaufen Sie sich nicht.

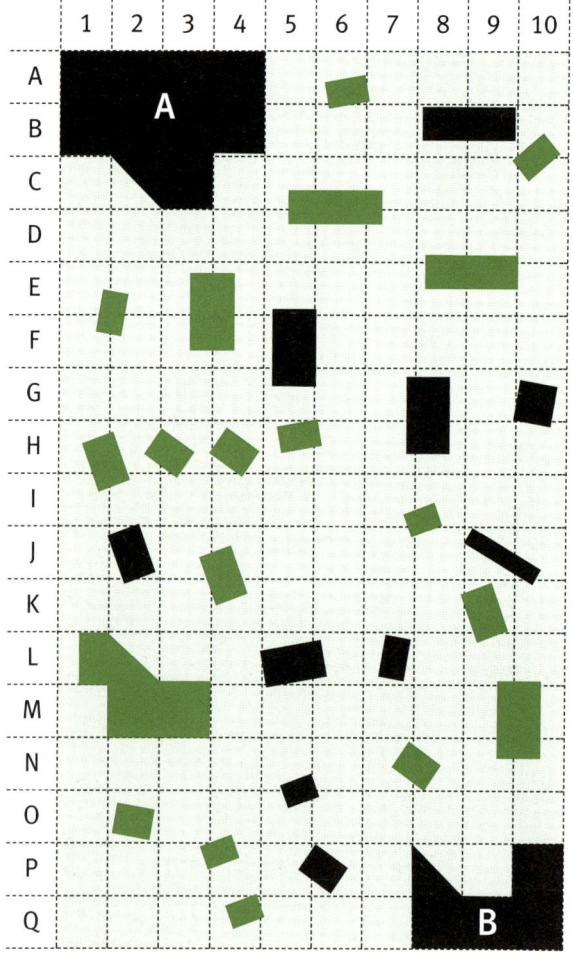

136. Farben und Formen II: Nur ein paar Formen mit ihrer Farbgebung und Position sollen Sie sich hier einprägen. Doch ist es wirklich so einfach?

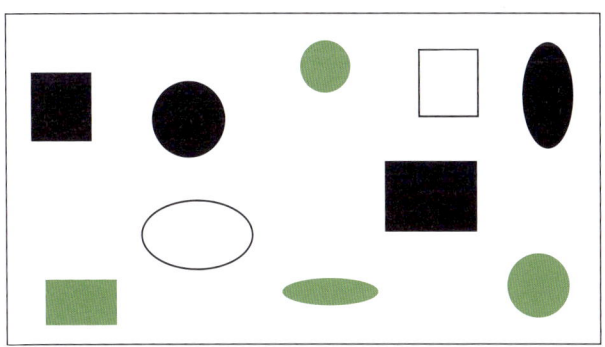

137. Lieblingsspielzeug: Kinder und ihr Spielzeug werden hier vorgestellt. Prägen Sie sich alle Bilder mit Namen und Spielzeug in zwei Minuten ein.

Tobias Bauklötze	Tina Luftballon	Ina Hamster	Sophia Kette
Thomas Bagger	Lara Puppe	Carsten Hammer	Selina Puzzle

136. Einige Elemente haben ihre Lage oder
ihr Aussehen (Form oder Farbe) verändert.
Können Sie bestimmen, welche?

137. Tragen Sie hier bei jedem Kind den richtigen
Namen und das Lieblingsspielzeug ein.

138. Fleckenfeld III: Prägen Sie sich die Lage der grünen Flächen ein. Vielleicht hilft es Ihnen, wenn Sie beachten, dass es acht sind.

139. In der Hängematte: Betrachten Sie dieses Bild und merken Sie sich die Zahlen und ihre jeweilige Lage im Motiv.

138. Markieren Sie hier die Bereiche, die in der Darstellung auf der Vorderseite grün waren.

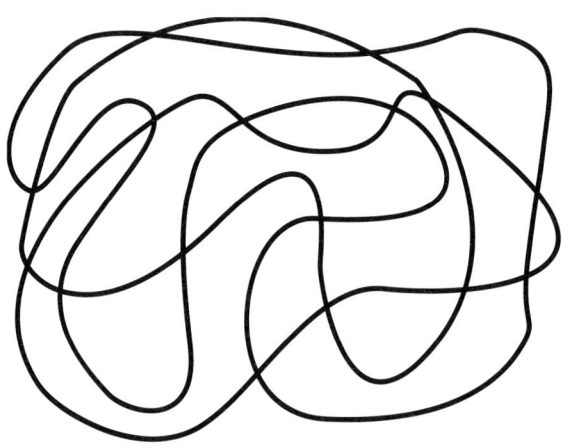

139. Welche Zahlen gehören in die weißen Felder? Achtung: Das Bild wurde gespiegelt.

140. Ansammlung: Prägen Sie sich diese Gegenstände gut ein: Gattung, Funktion, Ober- und Untergruppen, die jeweiligen Anzahlen der Dinge ...

141. Bescherung: Achten Sie nicht nur auf die Geschenke, sondern auf alle »nebensächlichen« Details, wenn Sie sich dieses Bild einprägen.

140. Versuchen Sie nun folgende Fragen zu beantworten.

1. Wie viele Gegenstände sind insgesamt abgebildet?

_____

2. Und wie viele unterschiedliche Bilder sind es?

_____

3. Welche dieser Gegenstände nimmt man mit, wenn man unterwegs ist?

_____

4. Welche und wie viele Dinge sind Möbel?

_____

5. Welche der Gegenstände hat nicht jeder zu Hause?

_____

6. Wie viele verschiedene Koffer sind abgebildet?

_____

7. Wie viele der Dinge haben einen Griff oder Henkel?

_____

8. Wie viele Schirme sind dargestellt?

_____

141. Welche dieser Aussagen sind auf das Bild bezogen richtig, welche falsch? Notieren Sie ein R für richtig bzw. ein F für falsch ins jeweilige Kästchen.

1. Alle Frauen haben lange, glatte Haare. ☐
2. Zwei von ihnen halten ein Sektglas in der Hand. ☐
3. Eine der Frauen sitzt auf dem Fußboden. ☐
4. Die Frau links im Bild trägt eine Hose. ☐
5. Auf dem Sofa ist ein Kissen zu sehen. ☐
6. Beide sich umarmenden Frauen tragen ein Oberteil mit langen Ärmeln. ☐
7. Die Wand im Hintergrund ist mit einer Mustertapete versehen. ☐
8. Manche Geschenke auf dem Tisch sind bereits ausgepackt. ☐

142. Wertvolle Bildchen: Prägen Sie sich diese sechs Bilder und die daneben gesetzten Zahlen gut ein. Auf der nächsten Seite sollen Sie mit diesen Bildern rechnen.

143. Ohrschmuck: Acht leicht zu verwechselnde Ohrringe sind hier dargestellt. Diese sollen Sie sich mitsamt den Zahlen darunter gut einprägen.

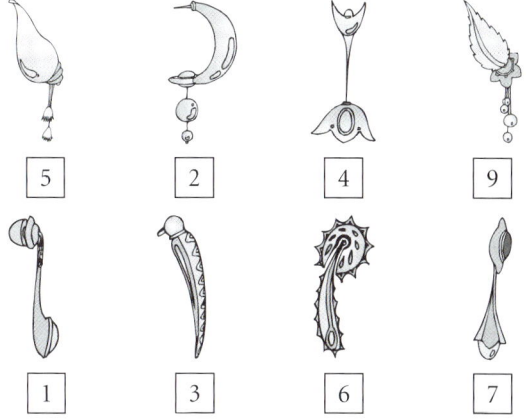

142. Ersetzen Sie die Bilder durch die jeweiligen Zahlen, die Sie sich eingeprägt haben, und lösen Sie diese Rechenaufgaben.

143. Hier ist die Anordnung der Ohrringe verändert. Können Sie aus dem Gedächtnis die ursprünglichen Zahlen zuordnen?

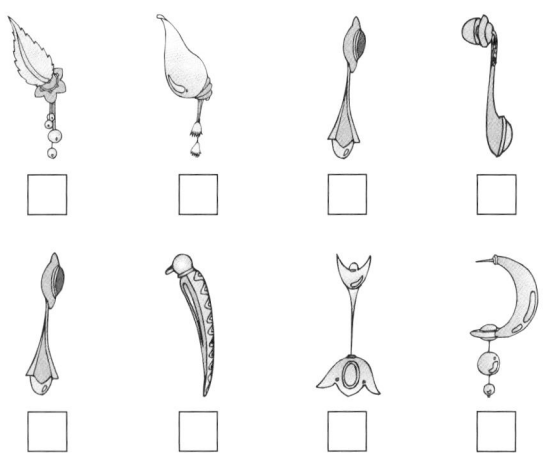

144. Figurentest: Prägen Sie sich diese Figuren
möglichst schnell mit allen Details ein.
Versuchen Sie das in 20 Sekunden zu schaffen.

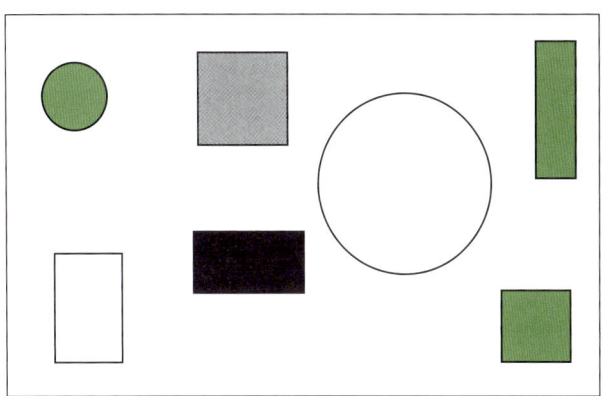

145. In Gedanken: Was macht diese junge Frau?
Wie sieht sie aus? Welche Kleidung trägt sie?
Woran könnte sie denken? Merken Sie sich
möglichst viele Einzelheiten.

144. Viel Zeit hatten Sie ja nicht, um sich die Formen
zu merken. Vielleicht schaffen Sie es dennoch, alle
Fragen zu beantworten.

1. Wie viele unterschiedliche Farben bzw. Farbtöne
   konnten Sie zählen?

2. Wie viele Elemente sind insgesamt dargestellt?

3. Die Summe der Ecken aller grünen Formen ist:

4. In welchen Farben sind die Quadrate ausgefüllt?

5. Wie viele Formen sind nicht quadratisch?

6. Welche Füllungsfarbe ist am häufigsten vertreten?

145. Fiel es Ihnen schwer, sich auf die Details
zu konzentrieren? Oder haben Sie das Aussehen
der Frau noch ganz genau im Kopf? Das können
Sie anhand der folgenden Fragen überprüfen.

1. Trägt die Frau eine Uhr an ihrer linken Hand?

2. Hat sie dunkle oder eher helle Haare?

3. Trägt die Frau eine Dreiviertelhose oder eine mit
   normaler Länge?

4. In welche Richtung blickt die Frau? Nach links oben,
   rechts unten oder wohin?

5. Was hält sie in ihrer rechten Hand?

146. Grünes Muster: Prägen Sie sich dieses Muster ein. Es ist wichtig, dass Sie sich an die genaue Position der grünen Felder erinnern.

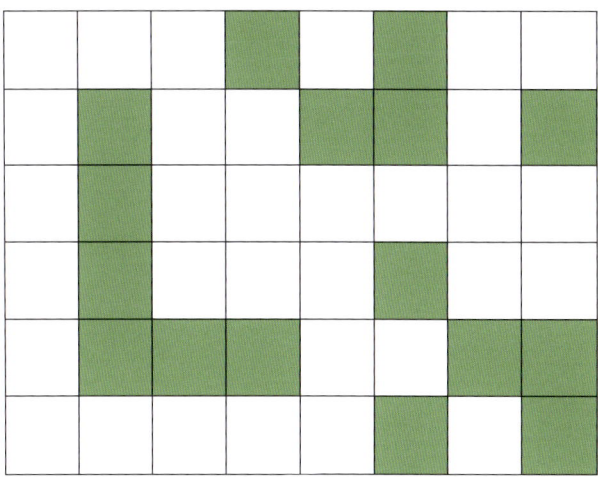

147. Jubilar: Betrachten Sie dieses Bild und merken Sie sich die Buchstaben und ihre jeweilige Lage bezogen auf das Motiv.

146. Wo die grünen Felder waren, stehen hier Buch-staben, die der Reihe nach ein Lösungswort ergeben.

T	R	E	D	S	A	G	D
Z	M	W	C	P	F	O	B
U	U	Q	F	L	I	H	P
N	E	V	D	A	G	K	J
S	E	L	E	G	F	I	S
W	E	B	A	M	E	R	N

Lösungswort: _____

147. Tragen Sie hier die fehlenden Buchstaben in die weißen Felder ein.

148. Beim Boccia: Prägen Sie sich das Bild mit seinen Details möglichst gut ein.

149. Bilderkiste: Merken Sie sich diese 16 Bilder und ihre Positionen.

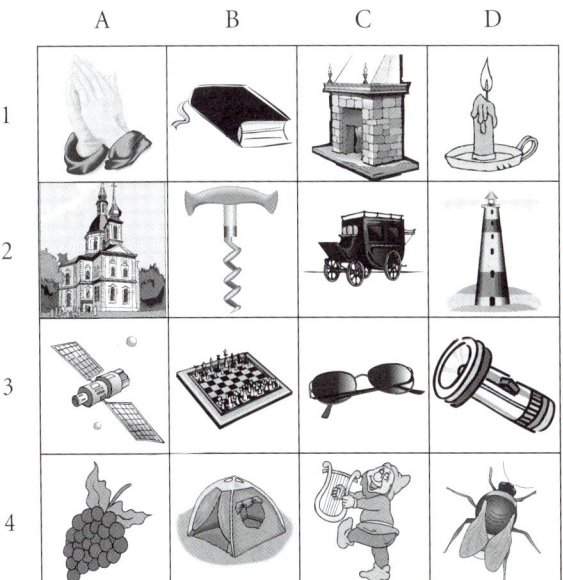

148. Welche dieser Aussagen sind auf das Bild be-
zogen richtig, welche falsch? Notieren Sie ein R für
richtig bzw. ein F für falsch ins jeweilige Kästchen.

1. Auf dem Bild sind sieben Personen zu sehen. ☐
2. Drei davon sind weiblich. ☐
3. Vier von ihnen tragen eine Mütze. ☐
4. Der Mann im Spielfeld trägt Turnschuhe. ☐
5. Auf dem Spielfeld befinden sich acht Kugeln. ☐
6. Im Hintergrund erkennt man eine große Straße. ☐
7. Eine Person hält ein Getränkeglas in der Hand. ☐
8. Die Sonne wirft starke Schatten. ☐

149. Bei den folgenden Hinweisen gilt es zunächst
herauszufinden, auf welches Bild sie sich jeweils
beziehen. Als Lösung geben Sie dann immer die
Position des gemeinten Bildes an, also beispiels-
weise D4 für die Fliege usw.

1. Sie wird meist sonntags besucht.
   Position: _____
2. Eine Geste der Bitte.
   Position: _____
3. Er rettete so manchen Seefahrern das Leben.
   Position: _____
4. Sie wurde durch die Taschenlampe ersetzt.
   Position: _____
5. Er ermöglicht weltweite Kommunikation.
   Position: _____
6. Weinliebhaber haben ihn gern dabei.
   Position: _____
7. Er ist ein Freund Schneewittchens.
   Position: _____
8. Es ist der Inbegriff der Bildung.
   Position: _____

150. Heimatverbundene Männer: Acht Herren, die aus unterschiedlichen Ländern stammen, sollen Sie sich hier einprägen.

| Müller | Otil | Svarnok | Timmel |
| Belgien | Ungarn | Dänemark | Schweiz |

| Insing | Blaser | Pott | Wirika |
| Spanien | Kanada | Peru | Mexiko |

151. Ansammlung: Betrachten Sie diese Gegenstände und versuchen Sie sich alles gut zu merken: Gattung, Funktion, Ober- und Untergruppen sowie die jeweiligen Anzahlen der Dinge.

150. Schaffen Sie es, Namen und Nation des jeweiligen Herrn aus dem Gedächtnis wiederzugeben?

151. Es waren diesmal schon ziemlich viele unterschiedliche Gegenstände einzuprägen. Woran können Sie sich noch erinnern?

1. Wie viele Gegenstände sind insgesamt abgebildet?

2. Wie viele und welche Dinge trägt man üblicherweise in der Hosentasche?

3. Wie viele Werkzeuge sind darunter?

4. Wie viele unterschiedliche Telefone haben Sie gezählt?

5. An wie viele Taschenmesser können Sie sich erinnern?

6. Wie viele Dinge sind weder Telefon noch Messer?

152. Grüne Kästchen: Dieses Muster sollen Sie sich innerhalb einer Minute exakt einprägen. Es ist wichtig, dass Sie sich an die genaue Position der grünen Felder erinnern.

153. Ähnlichkeiten: Acht relativ ähnliche Bilder sind hier dargestellt. Diese sollen Sie sich mit den zugehörigen Buchstaben gut einprägen.

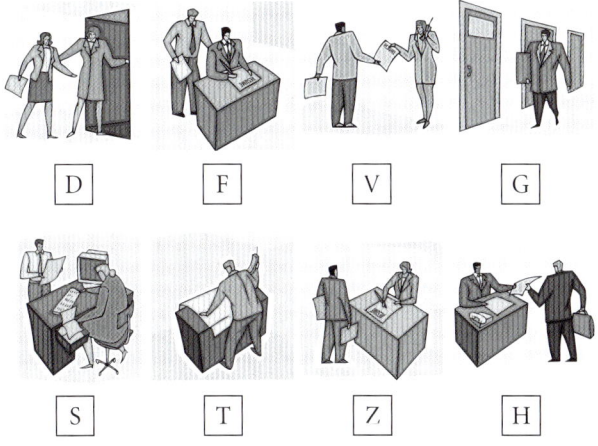

152. Wo die grünen Felder waren, stehen hier Lösungsbuchstaben, die ein Lösungswort ergeben.

W	R	E	A	E	S	Q	D
C	O	U	I	P	T	F	S
I	B	T	R	E	N	Z	G
V	F	Q	K	L	U	H	N
M	D	N	U	I	U	J	S

Lösungswort: _____

153. Hier ist die Anordnung der Bilder verändert. Können Sie aus dem Gedächtnis die zugehörigen Buchstaben eintragen?

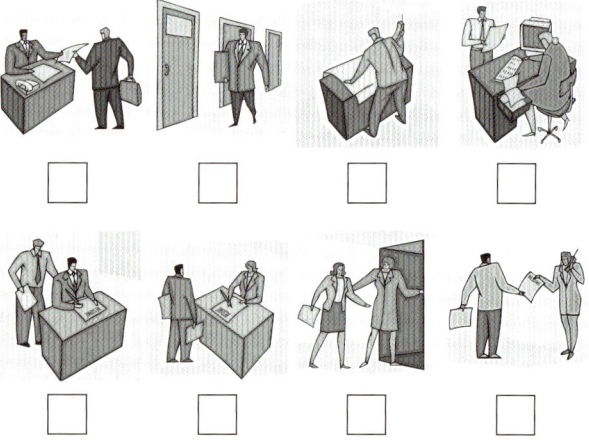

154. Wegbeschreibung: Prägen Sie sich den Wegverlauf von A nach B ein, der auf dieser Karte eingetragen ist. Machen Sie eine Fantasiereise und lassen Sie Gebäude, Kirchen, Wege und Straßen vor Ihrem geistigen Auge erscheinen.

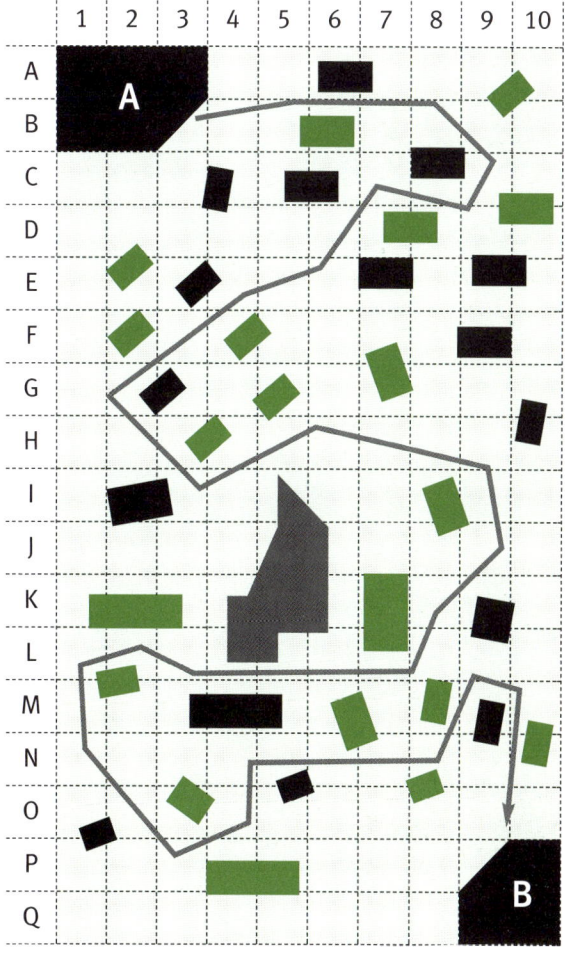

154. Zeichnen Sie hier den Weg ein, den Sie sich einprägen sollten. Wiederholen Sie dabei Ihre Fantasiereise durch die Straßen und Gassen – aber verlaufen Sie sich nicht.

155. Fleckenfeld IV: Auch hier gilt es wieder sich genau einzuprägen, wo die grünen Felder sind. Bleiben Sie etwa eine Minute dran und versuchen Sie bildliche Assoziationen zu finden. Vielleicht erkennen Sie ja mit viel Fantasie irgendwo einen Regenschirm oder eine Melone …

156. Mann auf dem Sofa: Versuchen Sie sich möglichst viele Details des Motivs innerhalb einer Minute einzuprägen.

155. Konnten Sie aus den abstrakten Flecken in Ihrer Fantasie ein Bild entstehen lassen? – Dann fällt es Ihnen bestimmt nicht schwer, hier die Bereiche zu markieren, die eingefärbt waren.

156. Testen Sie hier, wie gut Sie sich die Einzelheiten beim Mann auf dem Sofa gemerkt haben.

1. Trägt der Mann einen Schnurrbart?

_____

2. Kann man helle Socken durchblitzen sehen?

_____

3. Ist er rasiert oder erkennt man einen Dreitagebart?

_____

4. Trägt er eine Frisur mit Scheitel?

_____

5. Wie viele Ringe trägt er an seiner linken Hand?

_____

6. Liegt er auf einem Kissen?

_____

157. Bildertabelle: Prägen Sie sich diese Tabelle mit den 16 Bildern ein. Merken Sie sich dabei auch die Koordinaten am Rand.

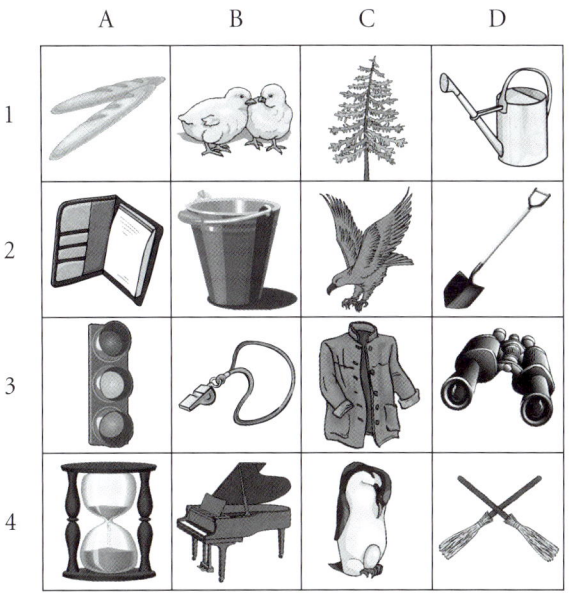

158. Bildwerte: Prägen Sie sich diese vier Gegenstände und die zugehörigen Zahlen gut ein.

= 23   = 17

= 38   = 21

157. Bei den folgenden Hinweisen gilt es zunächst herauszufinden, auf welches Bild sie sich jeweils beziehen. Als Lösung geben Sie dann immer die Position des gemeinten Bildes an, also beispielsweise A3 für die Ampel usw.

1. Sie sind erst wenige Tage alt.
   Position: _____
2. Auch sozusagen ein Pariser »Wahrzeichen«.
   Position: _____
3. Des Schiedsrichters wichtigstes Werkzeug.
   Position: _____
4. Zum Betrachten entfernter Dinge.
   Position: _____
5. Unaufhaltsam verrinnt die Zeit.
   Position: _____
6. Steht an Weihnachten in fast jeder Wohnung.
   Position: _____
7. Der Mensch, nicht der Vogel, macht damit Musik.
   Position: _____
8. Sie leben im tiefsten Süden.
   Position: _____

158. Ersetzen Sie die Bilder durch die jeweiligen Zahlen, die Sie sich eingeprägt haben, und lösen Sie diese Rechnungen.

159. Kindersegen: Auf dem Bild sehen Sie eine Familie. Nehmen Sie sich eine Minute Zeit und prägen Sie sich möglichst viele Details ein.

160. Farben und Formen III: Können Sie sich diese Figurengruppe mit allen Details merken?

159. Welche dieser Aussagen sind auf das Bild bezogen richtig, welche falsch? Notieren Sie ein R für richtig bzw. ein F für falsch ins jeweilige Kästchen.

1. Auf dem Bild sind acht Personen zu sehen. ☐
2. Fünf von ihnen sitzen auf einem Sofa. ☐
3. Genau drei Kinder zeigen lächelnd die Zähne. ☐
4. Die Mutter trägt einen Zopf. ☐
5. Zwei Kinder haben ein schwarzes Oberteil an. ☐
6. Der Vater trägt einen Pullover. ☐
7. Ein Mädchen lehnt an Mutters Schulter. ☐
8. Rechts im Bild ragt die Hand des Vaters hervor. ☐
9. Vorne sitzen zwei Jungen auf dem Fußboden. ☐
10. Einer der Jungen trägt ein weißes Hemd. ☐
11. Eine Person trägt eine Brille. ☐
12. Eines der Kinder hält einen Ball in der Hand. ☐

160. Versuchen Sie diese Fragen zu beantworten.

1. Wie viele Formen sind grau?

2. An welchem Rand liegt das schwarze Rechteck?

3. Wie viele Elemente haben Sie insgesamt gezählt?

4. Wie viele davon sind weiß?

5. In welchen Farben tauchen Vierecke auf?

6. Wie viele unregelmäßig geformte Figuren gibt es?

7. Wie viele Ecken haben diese zusammen?

8. Wie viele verschiedenartige Figuren sind weiß?

161. Des Menschen beste Freunde: Hier stellen wir Ihnen sechs Hunde vor. Prägen Sie sich bitte die darunter stehenden Namen und Rassenbezeichnungen ein. Die Rassenangaben sind bewusst falsch. Das soll die Übung erschweren.

Schäferhund	Terrier	Collie
Max	Diggi	Larry

Dackel	Bobtail	Spitz
Adam	Jumbo	Lissie

162. Nettes Paar: Betrachten Sie dieses Bild eine Minute lang möglichst intensiv. Prägen Sie sich auch jedes kleine Detail ein.

161. Tragen Sie hier aus dem Gedächtnis die angegebenen Namen und Rassen der Hunde ein.

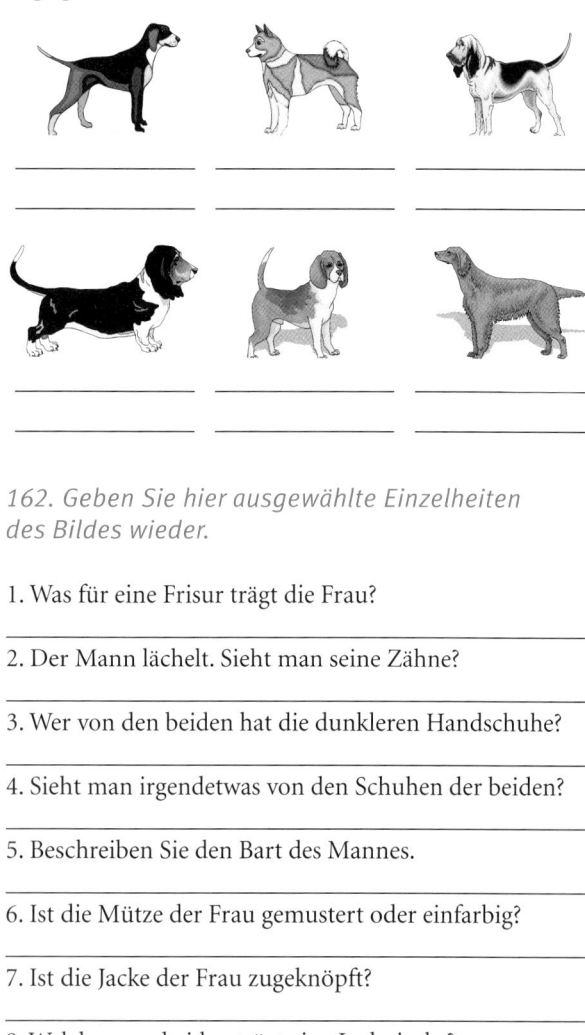

———————————   ———————————   ———————————

———————————   ———————————   ———————————

———————————   ———————————   ———————————

162. Geben Sie hier ausgewählte Einzelheiten des Bildes wieder.

1. Was für eine Frisur trägt die Frau?

———————————————————————————————

2. Der Mann lächelt. Sieht man seine Zähne?

———————————————————————————————

3. Wer von den beiden hat die dunkleren Handschuhe?

———————————————————————————————

4. Sieht man irgendetwas von den Schuhen der beiden?

———————————————————————————————

5. Beschreiben Sie den Bart des Mannes.

———————————————————————————————

6. Ist die Mütze der Frau gemustert oder einfarbig?

———————————————————————————————

7. Ist die Jacke der Frau zugeknöpft?

———————————————————————————————

8. Welcher von beiden trägt eine Lederjacke?

———————————————————————————————

163. Blumen: Merken Sie sich diese sechs Blumen und die zugehörigen Zahlen. Auf der Folgeseite sollen Sie mit diesen Bildern rechnen.

164. Fleckenfeld V: Merken Sie sich bitte genau, wo sich die grün eingefärbten Bereiche befinden. Nehmen Sie sich eine Minute Zeit dafür.

163. Wissen Sie noch, für welche Zahlen die Blumen jeweils stehen? Dann können Sie sicher auch diese einfachen Rechnungen lösen.

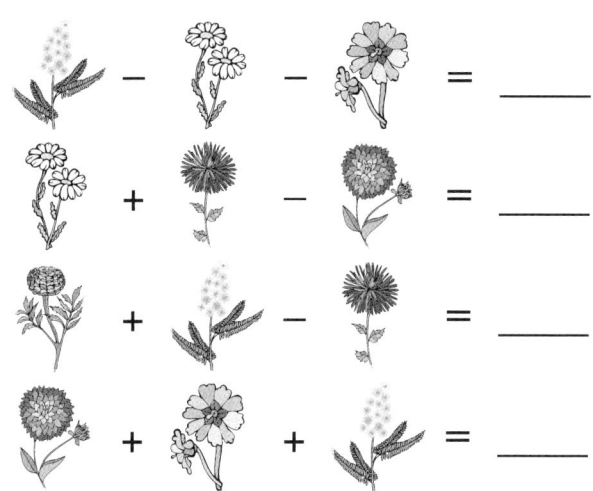

164. Markieren Sie hier die Bereiche, die in der Darstellung auf der Vorderseite grün waren.

165. Orientierungslauf: Prägen Sie sich den Wegverlauf von A nach B ein, der auf dieser Karte eingetragen ist. Machen Sie eine Fantasiereise und lassen Sie Gebäude, Kirchen, Wege und Straßen vor Ihrem geistigen Auge erscheinen.

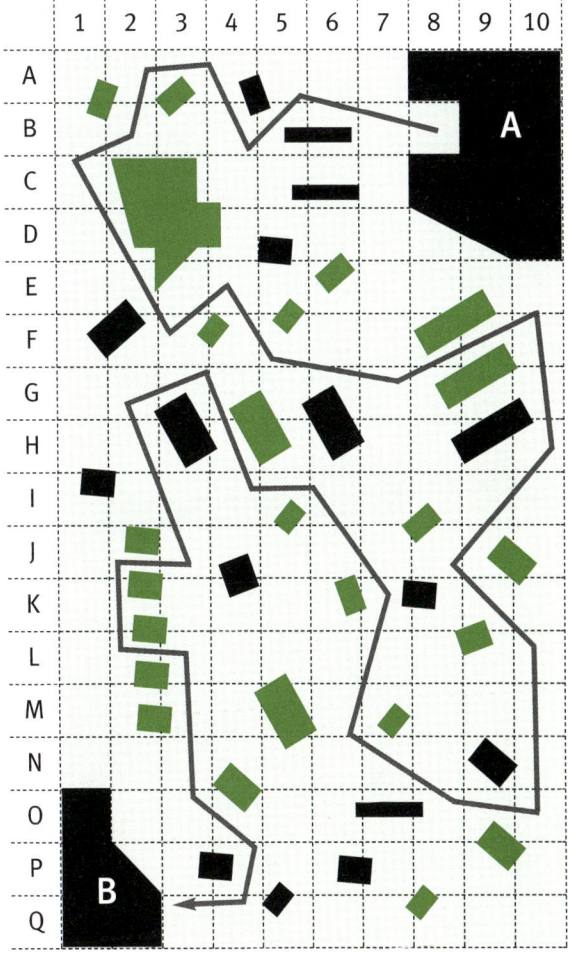

165. Zeichnen Sie hier den Weg ein, den Sie sich einprägen sollten. Wiederholen Sie dabei Ihre Fantasiereise durch die Straßen und Gassen – aber verlaufen Sie sich nicht.

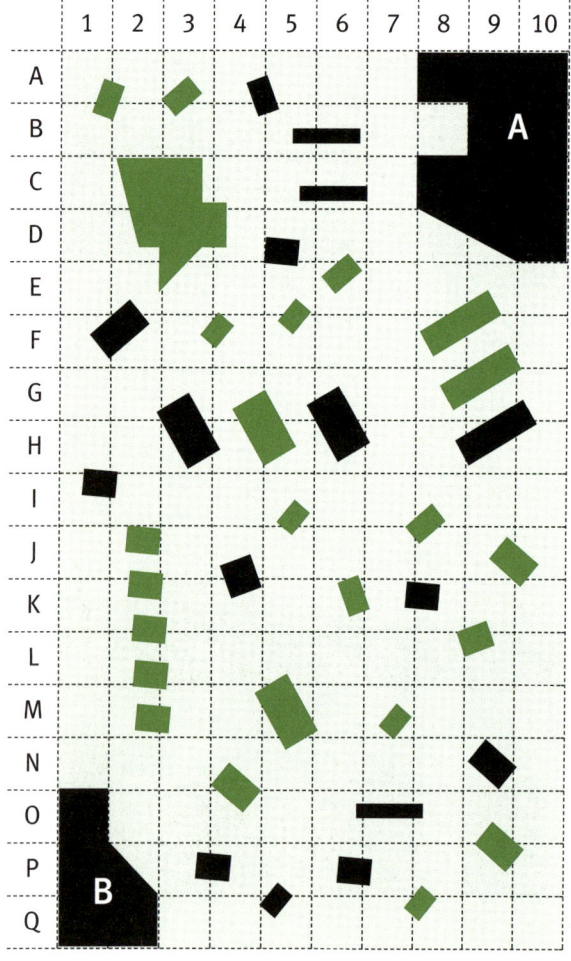

166. König der Tiere: Merken Sie sich die Zahlen und ihre jeweilige Lage im Bild.

167. Ähnlichkeiten: Acht ziemlich ähnliche Bilder sind hier dargestellt. Diese sollen Sie sich mit den zugehörigen Zahlen gut einprägen.

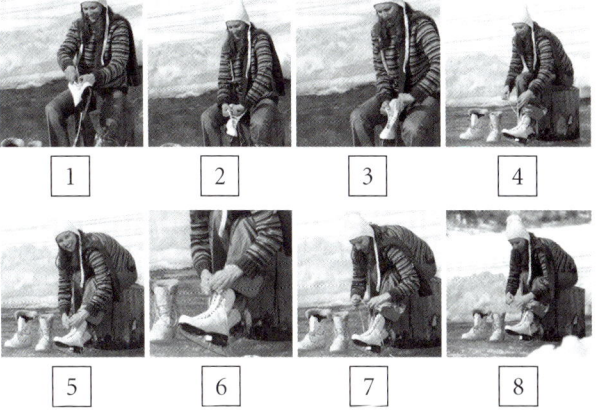

166. Tragen Sie die fehlenden Zahlen in die weißen Felder ein. Beachten Sie dabei, dass wir das Bild hier gespiegelt haben.

167. Die Bilder sind hier anders sortiert. Können Sie trotzdem die ursprünglichen Zahlen zuordnen?

**168. Grüne Kästchen: Dieses Muster sollen
Sie sich innerhalb einer Minute einprägen.
Es ist wichtig, dass Sie sich an die genaue
Position der grünen Felder erinnern.**

**169. Architektur: Können Sie sich die »Gesichter«
von Gebäuden merken? Merken Sie sich sechs
Fassaden mit erfundenen Namen und Funktionen.**

Taubenstein
Schloss

Teubert
Universität

Klairge
Kirche

Tiglis
Bibliothek

Ban Beau
Theater

Greivre
Museum

*168. Wo die grünen Felder waren, stehen hier
Buchstaben, die das Lösungswort ergeben.*

Q	A	E	T	J	N	I	T
G	A	H	G	Z	K	O	P
N	R	D	W	I	U	L	S
S	F	M	A	N	U	S	O

Lösungswort: _ _ _ _ _ _ _ _ _ _ _ _ _ _

*169. Tragen Sie hier aus dem Gedächtnis die Namen
und Funktionen der Gebäude ein.*

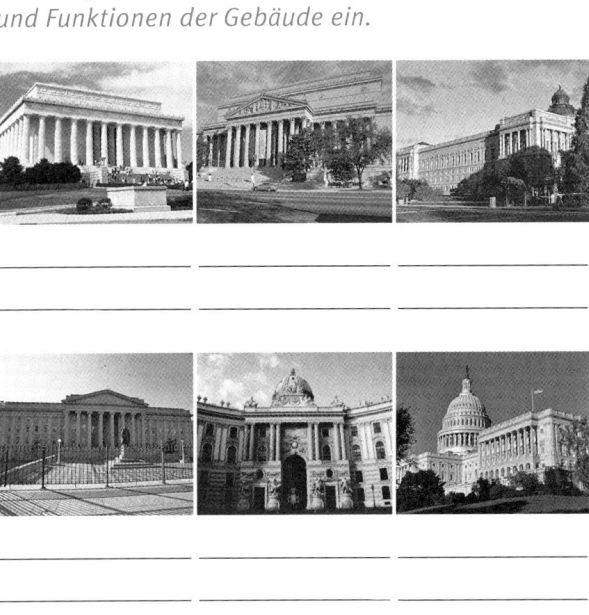

_____ _____ _____

_____ _____ _____

_____ _____ _____

_____ _____ _____

170. Abstrakte Kunst: Diese Figur wurde mit einem einzigen Strich gezeichnet. Prägen Sie sich den Linienverlauf möglichst genau ein. Lassen Sie sich von Ihrer Fantasie helfen.

170. Zeichnen Sie die Figur aus dem Gedächtnis möglichst genau nach – möglichst ebenfalls mit nur einem Strich, also ohne den Stift abzusetzen.

Trainings-Doppel IV

In dieser Übung sollen Sie zunächst einen Satz auswendig lernen. Verdecken Sie diesen dann und lösen Sie die Kopfrechenaufgabe darunter. Anschließend notieren Sie im untersten Feld aus der Erinnerung von allen einzelnen Wörtern des auswendig gelernten Satzes jeweils den zweiten Buchstaben.

---

1. Die Regierung der Sowjetunion erlaubt ihren Bürgern Reisen ins sozialistische Ausland.

$7 \times 6 + 6 - 11 \ = \ _____$

---

2. Vier der höchsten Berge liegen im Karakorum, das sich westlich an den Himalaya anschließt.

$13 \times 5 - 28 \ = \ _____$

---

3. Dies verhält sich so wie beim Namen des Roten Meeres, in dem einige Rotalgen vorkommen.

$316 \times 4 \ = \ _____$

---

4. Die archaische Zeit brachte Grundlagen für die klassische Zeit des antiken Griechenlands hervor.

$15642 + 63584 \ = \ _____$

Zusammenhänge und Strukturen

Oft ist das logische Verständnis von Sachverhalten wichtig für die Merkleistung. Wenn Sie sich etwa bei verwandtschaftlichen Beziehungen einen genauen Überblick verschaffen und so die ganze familiäre Stuktur aufdröseln, ist das effektiver, als wenn Sie die einzelnen Beziehungen aller Personen zueinander auswendig lernen.
Versuchen Sie also in diesem Kapitel, sich die Fakten durch Einprägen von Mustern, Querverbindungen, Zusammenhängen und Ähnlichem zu merken.

171. Erben, Teile, Erbteile: Lesen Sie den Text und prägen Sie sich die Namen ein. Achten Sie dabei auf die familiären Zusammenhänge bzw. Verwandtschaftsbeziehungen und natürlich die jeweiligen Erbteile. Dazu dürfen Sie den Text mehrmals lesen.

John Ratzenbichler ist gestorben.

Wegen der Erbangelegenheiten sind vor dem Notar
Dr. Herbert Hebenschlachter erschienen:
Rosi Ratzenbichler, Witwe des Verstorbenen,
Moritz Ratzenbichler, Sohn,
Maria Hillenbach, Tochter,
mit Ehemann Ralf
und Tochter Lisa.
Die Mutter, Anna Ratzenbichler, ist verhindert.

Der Verstorbene hinterlässt seiner Frau das Haus.
Der Sohn bekommt das Auto.
Die Tochter erhält das Ferienhäuschen und
der Schwiegersohn die Briefmarkensammlung.
Das Enkelkind erbt das Sparbuch,
und die Mutter erhält die Lebensversicherung.
Der Notar verlangt für seinen Aufwand 3.000 Euro.

Drehwurm: Symbole im Taumel

Welche Elemente ergeben sich nicht aus einer
Drehung von 90° im Uhrzeigersinn – bezogen
jeweils auf das Element links davon?

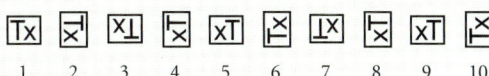

Lösungen: 4, 6, 7 und 10

171. Konnten Sie sich alles merken? Dann wissen Sie sicher noch, wer was bekommen soll.

Moritz: _____

Rosi: _____

Anna: _____

Lisa: _____

Maria: _____

Herbert: _____

Ralf: _____

Feinmotorik gefragt: verkehrte Welt

Zeichnen Sie auf der rechten Seitenhälfte die Darstellungen der linken Hälfte ab – jedoch spiegelbildlich, so wie es das eine Beispiel bereits zeigt.

172. Reservierungen bitte bis 16.00 Uhr!
Prägen Sie sich bitte folgende Zusammenhänge ein.

Das Spezialitätenrestaurant hat für den heutigen Abend
folgende Tischreservierungen aufgenommen:
18.00 Uhr: Schmidt, vier Personen, Fensterplatz
18.30 Uhr: Rosner, drei Personen, großer Hund
18.30 Uhr: Müller, zwei Personen, ruhig
19.00 Uhr: Haller, Paar mit Baby und Kinderwagen
19.30 Uhr: Junghans, sechs Personen, Jubiläum
20.30 Uhr: Matusch, sieben Personen, Kegelverein

173. Pärchen-Party: Merken Sie sich bitte
die Personen und ihre Beziehungen zueinander.

Hannes und Sabine geben eine Party. Sie laden dazu
vier befreundete Paare ein:
Lisa kommt mit Georg, Monika bringt ihren Markus mit,
Babsi ist jetzt mit Thomas zusammen, und Ramona
erscheint mit ihrem Verlobten Boris.
Früher waren Lisa und Thomas ein Paar, und Babsi
ging mit Georg. Außerdem war Monika einmal kurz mit
Boris liiert.

Augenakrobatik: Um die Ecke lesen

Suchen Sie die Wörter in den Kästen. Wo ist der Wort-
anfang und wie geht's – immer rechtwinklig – weiter?

1

K	T	R	O
E	L	E	G
L	L	I	R

2

I	E	G	E
L	T	I	N
B	O	E	H

3

O	R	P	E
D	T	I	R
U	K	O	N

Lösungen: 1. Elektrogrill, 2. Obliegenheit, 3. Reproduktion

172. Richten Sie in einer Skizze das Restaurant so mit Tischen und Stühlen ein, dass die Gäste wunschgemäß und komfortabel Platz finden. Ansonsten haben Sie Gestaltungsfreiheit. Notieren Sie jeweils die gewünschte Uhrzeit.

173. Notieren Sie hinter jeder der aufgelisteten Frauen die jeweiligen Partner – die aktuellen und die ehemaligen.

Lisa: _____

Monika: _____

Babsi: _____

Ramona: _____

Georg: _____

Boris: _____

Markus: _____

Thomas: _____

174. Massenkarambolage: Die Polizei wird zur Unfallaufnahme einer Massenkarambolage auf der Autobahn gerufen. Dort herrscht gewaltiges Chaos. Verletzt wurde immerhin niemand. Prägen Sie sich die Notizen eines Polizisten ein:

Der rote Audi fuhr auf den blauen Opel auf.

Der schwarze Porsche rammte den silbernen Mercedes von hinten.

Der grüne Peugeot fuhr auf den weißen Ford.

Der Porsche stand vor dem Ford.

Der Audi war der letzte, der in die Karambolage hineinkrachte.

Der Opel stand irgendwo hinter dem Ford.

175. Stammbaum I: Prägen Sie sich die familiären Beziehungen ein. Eheleute verbindet eine horizontale Linie. Davon nach unten abzweigende Linien zeigen Eltern-Kind-Beziehungen an.

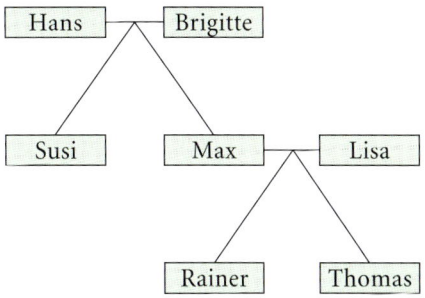

174. Jetzt wird's ein bisschen schwierig:
In welcher Reihenfolge standen die Fahrzeuge?
Können Sie sich auch noch an die Farben erinnern?

_____ 1. Auto (Farbe)	_____ 2. Auto (Farbe)
_____ 3. Auto (Farbe)	_____ 4. Auto (Farbe)
_____ 5. Auto (Farbe)	_____ 6. Auto (Farbe)

175. Fragen zur Aufgabe:

1. Wer ist Thomas' Tante?

_____

2. Wie heißen die Kinder von Hans?

_____

3. Wie heißt Brigittes Schwiegertochter?

_____

4. Wie heißt Rainers Mutter?

_____

5. Wer ist Brigittes Mann?

_____

176. Orte und Entfernungen I: Prägen Sie sich die Orte (Buchstaben) und deren Verbindungen mit den jeweiligen Entfernungskilometern (Zahl) genau ein.

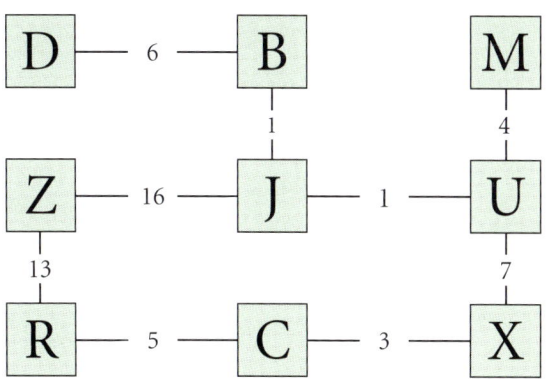

177. Stammbaum II: Prägen Sie sich die familiären Beziehungen ein. Eheleute verbindet eine horizontale Linie. Davon nach unten abzweigende Linien zeigen Eltern-Kind-Beziehungen an.

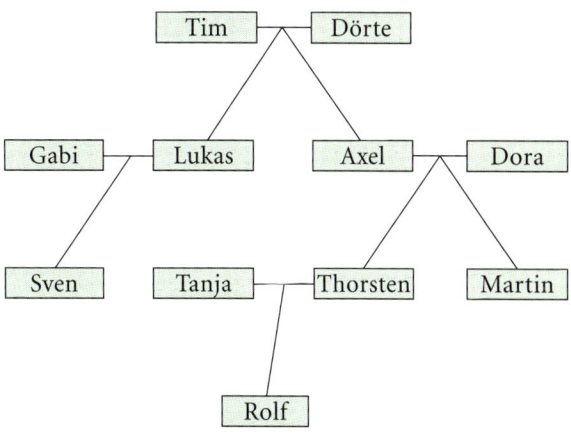

176. Fragen zur Aufgabe:

1. Wie viele Ortschaften befinden sich auf dem kürzesten Weg zwischen M und C?

_____

2. Wie viele Kilometer ist es von U über J nach Z?

_____

3. Wie viele Kilometer müssen auf dem kürzesten Weg von R nach D bewältigt werden?

_____

177. Fragen zur Aufgabe:

1. Wie heißen die Cousins von Sven?

_____

2. Wer ist Doras Schwager?

_____

3. Wie viele Enkelinnen haben Tim und Dörte?

_____

4. Wie heißt Thorstens Onkel?

_____

5. Wie heißt Rolfs Oma?

_____

6. Wie viele Kinder hat Gabi?

_____

178. Orte und Entfernungen II: Prägen Sie sich die Orte (Buchstaben) und deren Verbindungen mit den jeweiligen Entfernungskilometern (Zahl) gut ein.

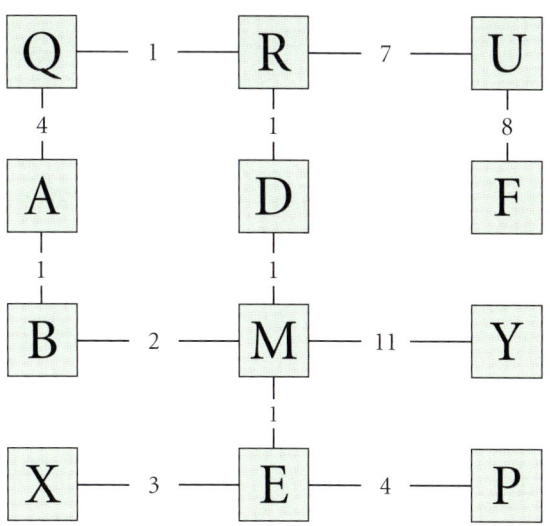

179. Stammbaum III: Prägen Sie sich die familiären Beziehungen ein. Eheleute verbindet eine horizontale Linie. Davon nach unten abzweigende Linien zeigen Eltern-Kind-Beziehungen an.

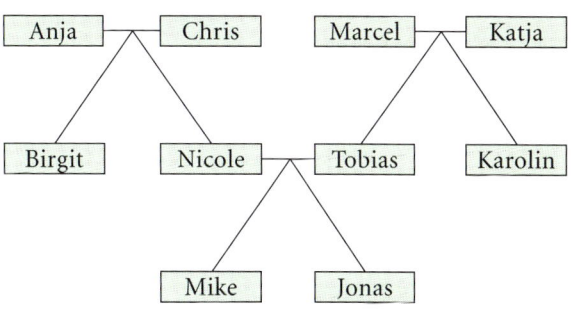

178. Fragen zur Aufgabe:

1. Wie viele Kilometer legt man von F nach X mindestens zurück?

_____

2. Wie lang ist der kürzeste Weg von P nach Q?

_____

3. Wie viele Stationen durchfährt man von Y nach F auf dem längsten Weg (ohne dabei Streckenabschnitte mehrmals zu benutzen)?

_____

4. Wie lang ist der kürzeste Weg von A nach D?

_____

179. Fragen zur Aufgabe:

1. Wie heißt Nicoles Schwägerin?

_____

2. Wie heißen Mikes Tanten?

_____

3. Wer ist Nicoles Schwiegervater?

_____

4. Wie heißen Jonas' Opas?

_____

5. Wer ist Tobias' Schwiegermutter?

_____

180. Orte und Entfernungen III: Prägen Sie sich die Orte (Buchstaben) und deren Verbindungen mit den jeweiligen Entfernungskilometern (Zahl) gut ein.

P
6
L
6
K
17
O
3
4
1
8
H
3
U
9
J
2
I

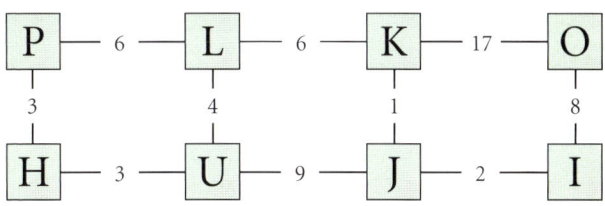

181. Stammbaum IV: Prägen Sie sich die familiären Beziehungen ein. Eheleute verbindet eine horizontale Linie. Davon nach unten abzweigende Linien zeigen Eltern-Kind-Beziehungen an.

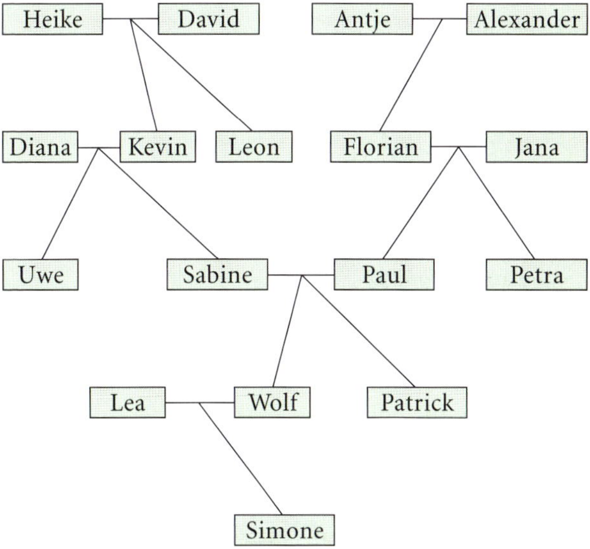

Heike
David
Antje
Alexander
Diana
Kevin
Leon
Florian
Jana
Uwe
Sabine
Paul
Petra
Lea
Wolf
Patrick
Simone

180. Fragen zur Aufgabe:

1. Wie lang ist der kürzeste Weg von L nach O?

_____

2. Wie lang ist der kürzeste Weg von P nach U?

_____

3. Wie lang ist der kürzeste Weg von I nach H?

_____

4. Wie viele Ortschaften befinden sich auf dem kürzesten
   Weg zwischen O und K?

_____

181. Fragen zur Aufgabe:

1. Wie viele Enkel hat Kevin?

_____

2. Wer ist Sabines Schwiegervater?

_____

3. Wie viele Personen haben keine Kinder?

_____

4. Wie heißt Uwes Onkel?

_____

5. Wie viele Onkel hat Sabine?

_____

6. Wie heißt Wolfs Großmutter väterlicherseits?

_____

182. Orte und Entfernungen IV: Prägen Sie sich die Orte (Buchstaben) und deren Verbindungen mit den jeweiligen Entfernungskilometern (Zahl) gut ein.

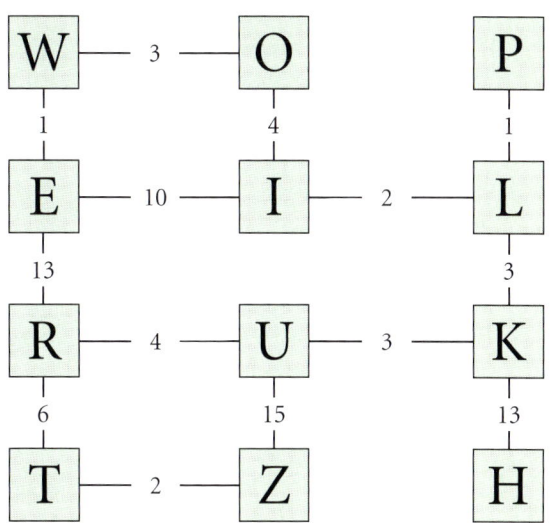

183. Stammbaum V: Prägen Sie sich die familiären Beziehungen ein. Eheleute verbindet eine horizontale Linie. Davon nach unten abzweigende Linien zeigen Eltern-Kind-Beziehungen an.

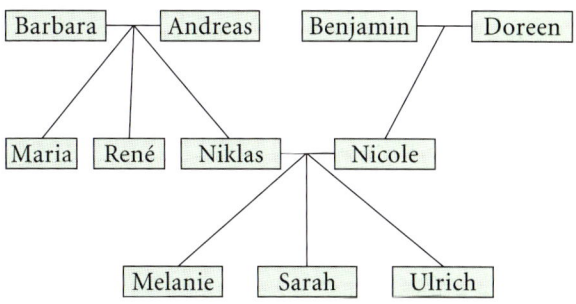

182. Fragen zur Aufgabe:

1. Wie lang ist der kürzeste Weg von L nach W?

_____

2. Wie lang ist der kürzeste Weg von Z nach K?

_____

3. Wie viele Stationen kann man auf dem einfachen
   Weg von P nach H maximal durchqueren?

_____

4. Über wie viele Stationen führt der kürzeste Weg
   von E nach L?

_____

5. Wie viele Kilometer müssen auf dem kürzesten Weg
   von U nach I zurückgelegt werden?

_____

183. Fragen zur Aufgabe:

1. Wie viele Kinder hat Andreas?

_____

2. Welchen Namen hat Barbaras Enkelsohn?

_____

3. Wie heißt Melanies Oma mütterlicherseits?

_____

4. Wer ist Nicoles Schwägerin?

_____

184. Orte und Entfernungen V: Prägen Sie sich die Orte (Buchstaben) und deren Verbindungen mit den jeweiligen Entfernungskilometern (Zahl) gut ein.

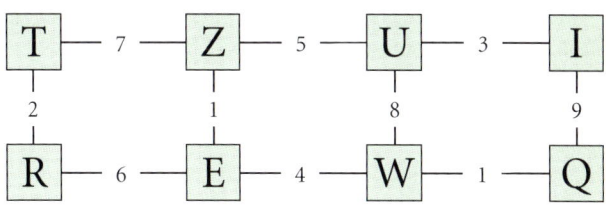

185. Stammbaum VI: Prägen Sie sich die familiären Beziehungen ein. Eheleute verbindet eine horizontale Linie. Davon nach unten abzweigende Linien zeigen Eltern-Kind-Beziehungen an.

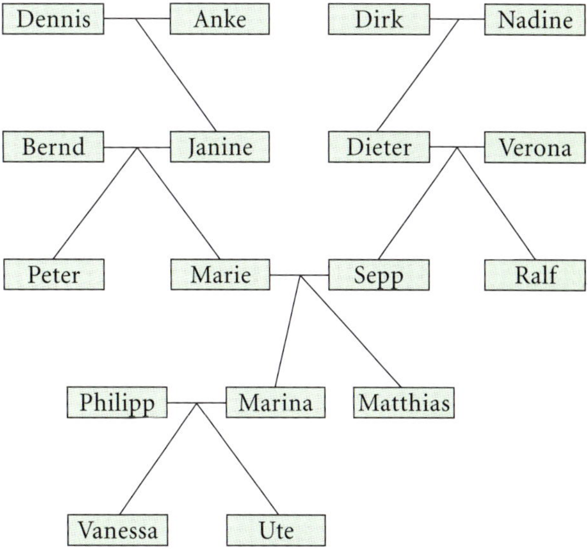

184. Fragen zur Aufgabe:

1. Wie lang ist der kürzeste Weg von U nach Q?

_____

2. Wie lang ist der kürzeste Weg von Z nach W?

_____

3. Wie viele Ortschaften befinden sich auf dem kürzesten
   Weg zwischen E und Q?

_____

4. Wie lang ist der kürzeste Weg von R nach I?

_____

185. Fragen zur Aufgabe:

1. Wie heißt Utes Opa?

_____

2. Wer ist Ralfs Nichte?

_____

3. Wer sind die Onkel von Matthias?

_____

4. Wie viele Enkel hat Dennis?

_____

5. Wie heißt Bernds Enkel?

_____

6. Wer ist Vanessas Onkel?

_____

186. Orte und Entfernungen VI: Prägen Sie sich die Orte (Buchstaben) und deren Verbindungen mit den jeweiligen Entfernungskilometern (Zahl) gut ein.

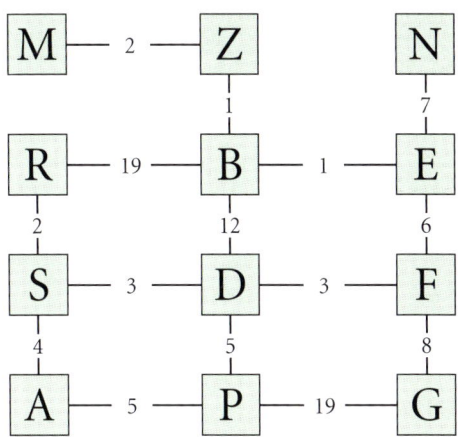

187. Stammbaum VII: Prägen Sie sich die Familienbeziehungen ein. Eheleute sind horizontal verbunden; Linien nach unten führen zu den Kindern.

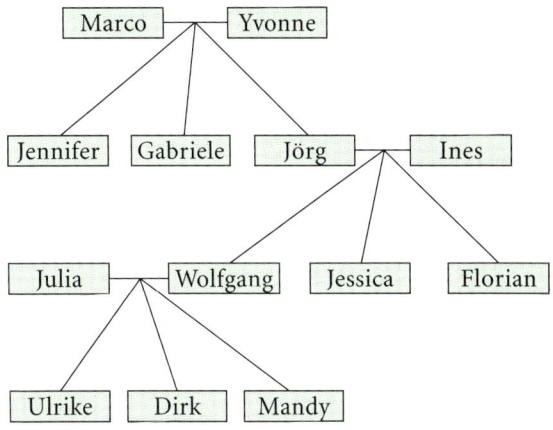

186. Fragen zur Aufgabe:

1. Wie viele Stationen liegen auf dem kürzesten Weg zwischen R und Z?

_____

2. Wie viele Kilometer beträgt die kürzeste Entfernung von G nach S?

_____

3. Wie lang ist der kürzeste Weg von A nach D?

_____

4. Wie lang ist der kürzeste Weg von M nach P?

_____

187. Fragen zur Aufgabe:

1. Wie viele Neffen hat Jennifer?

_____

2. Wie viele Tanten hat Florian?

_____

3. Wie heißt Marcos Schwiegertochter?

_____

4. Wie viele Kinder hat Gabriele?

_____

5. Welche Namen haben die Tanten von Wolfgang, Jessica und Florian?

_____

Trainings-Doppel V

In dieser Übung sollen Sie zunächst einen Satz auswendig lernen. Verdecken Sie diesen dann und lösen Sie die Kopfrechenaufgabe darunter. Anschließend notieren Sie im untersten Feld aus der Erinnerung von allen einzelnen Wörtern des auswendig gelernten Satzes jeweils den zweiten Buchstaben.

1. Das Wort »deutsch« bedeutet so viel wie »zum Volk gehörig«.

$8 + 9 - 4 + 7 = $ _____

2. Das Genitivobjekt ist eher selten und meist nur in gehobener Sprache anzutreffen.

$106 + 28 - 96 = $ _____

3. Die Geschichte erzählt von den bösartigen Streichen zweier Jungen gegen Respektspersonen.

$1326 - 839 = $ _____

4. Das Kleinkind erlernt die geltenden sozialen Normen während der Erziehung im Elternhaus.

$34856 + 16848 = $ _____

Texte und Inhalte

Lesen und sich ein Bild dabei machen – das ist die Art, wie hier das Gedächtnis trainiert wird. Lesen Sie so aktiv wie möglich. Stellen Sie sich vor, Sie hätten das jeweils Beschriebene selbst erlebt oder wären live dabei. Stellen Sie sich vor, es wäre Ihr eigenes Anliegen, das hier in Textform steht. Je mehr Details Sie sich beim Lesen vorstellen, je farbenfroher und lebendiger das Bild vor Ihrem geistigen Auge wird, je mehr Gefühl und mentales Engagement Sie in den Text legen, desto mehr bleibt davon in Erinnerung.

188. Schicksal: Lesen Sie den folgenden Text sehr aufmerksam einmal durch. Achten Sie dabei auf die Wortwahl, den Klang der Sätze und die Ausdrucksweise.

Er weiß nicht, was ihn dazu veranlasst hat, genau in diesem Augenblick entgegen seiner sonstigen Gewohnheit den anderen Weg einzuschlagen. War es eine Fügung des Schicksals, oder war es bloß reiner Zufall? Wer weiß das schon! Es war wohl letztendlich gut so. Obwohl – wenn er vorher gewusst hätte, was auf ihn zukam: Wäre er dann nicht schnurstracks wieder nach Hause gegangen, hätte sich in seinen alten Fernsehsessel gelümmelt, mit einem gut gekühlten Bier in der Hand, und sich ein spannendes Fußballspiel angesehen? Oder hätte er all die schwierigen Situationen in Kauf genommen, um schließlich doch sein Glück zu finden?

189. Superhirn: Diesmal brauchen Sie sich nur diesen einen Satz zu merken. Sie dürfen ihn dafür aber nur einmal lesen.

Viele Menschen entwickeln schon früh eine lebendige Fantasie, verbunden mit starker Konzentrationsfähigkeit.

188. Hier ist nun der gleiche Text nochmals wiedergegeben – aber nur fast! Einige Wörter wurden ausgetauscht, und zwar durch solche mit ähnlicher Bedeutung. Sie ändern also nichts am Inhalt, es klingt nur anders. Können Sie sie finden und unterstreichen?

Er weiß nicht, was ihn dazu bewegt hat, just in diesem Moment entgegen seiner alten Angewohnheit den anderen Weg zu gehen. War es eine Laune des Schicksals, oder war es bloß reiner Zufall? Wer weiß das schon! Es war wohl jedenfalls gut so. Obwohl – wenn er vorher geahnt hätte, was auf ihn zukommt: Wäre er dann nicht schnurstracks wieder nach Hause gegangen, hätte sich in seinen Lieblings-Fernsehsessel gekuschelt, mit einem schön kalten Bier in der Hand, und sich ein spannendes Fußballspiel angesehen? Oder hätte er all die schwierigen Situationen in Kauf genommen, um letztendlich doch sein Glück zu finden?

189. Beantworten Sie nun diese Fragen frei aus dem Gedächtnis.

1. Wie viele Wörter hat der Satz?

_____

2. Wie viele Großbuchstaben sind im Satz enthalten?

_____

3. Wie viele »e« kann man im Satz lesen?

_____

4. Wie viele Hauptwörter kommen im Satz vor?

_____

190. Im Abendrot: Lernen Sie dieses Gedicht von Joseph Freiherr von Eichendorff auswendig. Nehmen Sie sich dafür ruhig mehrere Minuten Zeit.

Wir sind durch Not und Freude
Gegangen Hand in Hand,
Vom Wandern ruhen wir beide
Nun überm stillen Land.

Rings sich die Täler neigen,
Es dunkelt schon die Luft,
Zwei Lerchen nur noch steigen
Nachträumend in den Duft.

Tritt her und lass sie schwirren,
Bald ist es Schlafenszeit,
Dass wir uns nicht verirren
In dieser Einsamkeit.

O weiter, stiller Friede!
So tief im Abendrot,
Wie sind wir wandermüde –
Ist das etwa der Tod?

191. Drei Sätze I: Lernen Sie diese Sätze und ihre Reihenfolge möglichst schnell auswendig.

1. Als die Schule aus war, gingen die Kinder in die Bäckerei und kauften sich Brötchen.
2. Mit der Fertigung des neuen Artikels liegen wir einen Tag im Rückstand.
3. Haben Sie vielen Dank für die freundliche Beantwortung meines Gesuchs.

190. Können Sie hier die fehlenden Wörter des Gedichts einfügen? Lassen Sie sich von der nun durchgehenden Form des Textes nicht irritieren.

Wir sind durch Not und _____ gegangen
Hand in _____, vom Wandern ruhen
wir _____ nun überm stillen _____.

Rings sich die Täler _____, es dunkelt schon
die _____, zwei Lerchen nur noch _____
nachträumend in den _____.

Tritt her und lass sie _____, bald ist
es _____, dass wir uns nicht _____ in
dieser _____.

O weiter, stiller _____! So tief im _____,
wie sind wir _____ – ist das etwa der _____?

191. Diese Wörter sind in je einem der drei Sätze enthalten. Notieren Sie jeweils dessen Nummer.

MEINES	Satz Nr.: _____
BEANTWORTUNG	Satz Nr.: _____
LIEGEN	Satz Nr.: _____
KINDER	Satz Nr.: _____
MIT	Satz Nr.: _____
VIELEN	Satz Nr.: _____
UND	Satz Nr.: _____
SCHULE	Satz Nr.: _____
AUS	Satz Nr.: _____
ARTIKELS	Satz Nr.: _____
GINGEN	Satz Nr.: _____
DES	Satz Nr.: _____

192. Kinderbild: Beim folgenden Text sollen Sie sich die Details möglichst plastisch und farbenfroh einprägen. Lassen Sie vor Ihrem geistigen Auge ein lebendiges Bild entstehen.

»Eine schwarze Katze mit nur einem Ohr sitzt auf einem hohlen, kahlen Baum und blickt hinauf zu den drei Wolken. Hinter einer von ihnen schaut halb die Sonne hervor und lächelt zur Katze hinunter. Auf dem Erdboden hockt eine kleine Maus. Sie beobachtet die Spinne, die sich gerade vom untersten Ast herablässt und knapp über dem hohen Gras hängt.«

193. Traumwohnung: Prägen Sie sich den Inhalt dieser Textpassage bitte genau ein.

»Nun schauen Sie sich nur diesen fantastischen Grundriss im Erdgeschoss an!«, schwärmt der Immobilienmakler. »Vom Wohnzimmer aus geht's über den offenen Südbalkon in den Garten und auf der Westseite zum Wintergarten – dieser ebenfalls mit Zugang zum Garten. Das Schlaf-zimmer liegt im Norden in absolut ruhiger Lage und hat auch eine Tür zum Garten. Die Wohn-küche genau in der Mitte des Hauses ist das ideale Kommunikationszentrum, und neben dem Windfang finden Sie außer der Toilette noch ein kleines Gästezimmer!«

192. Zeichnen Sie hier das beschriebene Bild aus dem Gedächtnis möglichst detailgetreu nach.

193. Fragen zum Text:

1. Wie viele Zimmer umfasst das Erdgeschoss?

_____

2. Von welchen Zimmern aus gelangt man direkt
   in den Garten?

_____

3. Nach welcher Himmelsrichtung liegt das Schlafzimmer?

_____

4. Wo liegt das Besucherzimmer?

_____

5. Was liegt in der Mitte des Hauses?

_____

194. Ordnung ist langweilig: Prägen Sie sich den Inhalt dieser Textpassage bitte genau ein.

»Mein Gott, Nelli«, beschwert sich die Mutter bei ihrer 15-jährigen Tochter. »Muss diese Unordnung sein? Jeden Tag eine neue Brotzeitdose, und jetzt liegen fünf davon in deinem Zimmer verstreut zwischen deiner Unterwäsche. Wie kannst du auf deinem Schreibtisch nur Hausaufgaben machen bei dieser Unordnung? CDs, Zeitschriften, Make-up-Stifte, Handy, MP3-Player – alles liegt einfach so rum!« »Ach, Mutti«, seufzt da Nelli gelangweilt …

195. Goldene Hochzeit: Prägen Sie sich den Inhalt dieser Textpassage bitte genau ein.

Sie sind ja so ein schönes Paar! Gerda und Rainer feiern zwei Tage vor Heiligabend ihre Goldene Hochzeit, und alle ihre Freunde und Verwandten freuen sich riesig darüber. Ihre beiden Kinder Klaus und Mechthild haben vorgeschlagen, das fünfzigste Jubiläum und die Weihnachtsfeier zusammenzulegen: Sie wollen den Georgssaal der Stadthalle mieten, denn Gerda und Rainer sind Mitglied in vielen Vereinen: im Kirchenchor, im Schützenverein und Gerda auch beim Frauenbund. Rainer aber glaubt, dass so kurz vor Weihnachten kaum jemand Zeit findet für eine Feier.

194. Fragen zum Text:

1. Wie alt ist Nelli?

_____

2. Was liegt alles auf ihrem Schreibtisch?

_____

3. Wie viele Brotzeitdosen liegen auf dem Boden?

_____

4. Wie reagiert Nelli auf die Kritik der Mutter?

_____

5. Wie nennt Nelli ihre Mutter?

_____

195. Fragen zum Text:

1. Wie lange sind Gerda und Rainer verheiratet?

_____

2. In welchem Verein ist Rainer kein Mitglied?

_____

3. Wann genau, also an welchem Datum, haben Gerda
   und Rainer geheiratet?

_____

4. Wie heißen ihre Kinder?

_____

5. Welche Räumlichkeit soll gemietet werden?

_____

196. Bremer Stadtmusikanten: Prägen Sie sich den Inhalt dieser Textpassage bitte genau ein.

»Etwas Besseres als den Tod findest du überall«, lautet das Motto der vier Bremer Stadtmusikanten, die sich gemeinsam auf den Weg machen, damit sie nicht ihres Alters wegen getötet werden können. Unterwegs vertreiben sie ein paar Räuber: Sie stellen sich übereinander, Hahn auf Katze auf Hund auf Esel, und erheben ein so fürchterliches Geschrei, dass die Räuber Reißaus nehmen. Gerhard Marcks, der deutsche Bildhauer, hat den Tieren aus einem Märchen der Brüder Grimm 1953 ein Denkmal gesetzt. Es steht – ja wo wohl?

197. Lecker Grießbrei: Prägen Sie sich den Inhalt dieser Textpassage bitte genau ein.

Wenn's mal schnell gehen muss, verzichtet Karin aufs große Kochen. Sie weiß, was ihren Kindern schmeckt, und so gibt's Grießbrei satt. Was sie dazu braucht, weiß Karin auswendig: 1 l Milch, 80 bis 100 g Weichweizengrieß, 1 mittelgroßes Ei, 30 g Butter. Sie gibt gerne noch geriebene Zitronenschale hinzu, die Kinder streuen Zucker und Zimt über den fertigen Brei, Moritz sogar noch etwas Muskatnuss. Neulich brachten ihre Kinder zwei Freunde mit, und Karin musste entsprechend mehr kochen. Sie nahm die eineinhalbfache Zutatenmenge – und alle waren begeistert!

196. Fragen zum Text:

1. Genau: Wo steht denn das Denkmal?

_____

2. Warum sollten die Tiere getötet werden?

_____

3. Wie heißt der Schöpfer des Denkmals?

_____

4. In welcher Reihenfolge haben sich die vier Tiere
   aufeinander gestellt?

_____

5. Wie lautet das Motto der Bremer Stadtmusikanten?

_____

197. Fragen zum Text:

1. Womit würzt Moritz seine Portion Grießbrei
   zusätzlich?

_____

2. Wie viel Gramm Grieß nimmt Karin, als die Kinder
   Freunde zu Besuch mitbringen?

_____

3. Was gibt Karin gern zusätzlich in den Grießbrei?

_____

4. Wie viele Freunde brachten die Kinder neulich mit?

_____

198. Drei Sätze II: Lernen Sie diese Sätze und ihre Reihenfolge möglichst schnell auswendig.

1. Statt sich an diesem zu rächen, gab er ihm später mehrere Jobs und viel schwere Arbeit.
2. Auf Grund des Datums der Entdeckung wurde dieser Adventhalle genannt.
3. Fast all diese Lichtpunkte am Nachthimmel sind weit entfernte Sonnen.

Mut zur Klammer: Berechenbar

Können Sie das korrekte Ergebnis ermitteln?

$(((3 + 9 + 6) : 2 - 5) \times 6 - 3 - 8 + 7) : 5 = \underline{\quad}$

Lösung: 4

199. Ordnung muss sein! Prägen Sie sich den Inhalt dieser Textpassage bitte genau ein.

Ordnung ist das halbe Leben, sagt sich Lehrer Wacker und räumt seinen Schreibtisch auf. In die obere Schublade hinter der Tür rechts legt er seine Stifte, eine Etage tiefer sammelt er Schmierpapier, in der unteren liegen die Mappen für die Unterrichtsvorbeitungen. In die vier Schubladen hinter der linken Tür stellt er – von unten nach oben – ein Lexikon, Zeitschriften, die er abonniert, aber noch nicht gelesen hat, Briefpapier und -marken, sein Diktiergerät und die Kassetten dazu. In die Hauptschublade kommen Pfeife, Tabak, Schere, Lineal, Tintenfass und Leselupe.

198. Diese Wörter sind in je einem der drei Sätze enthalten. Notieren Sie jeweils dessen Nummer.

GAB	Satz Nr.: _____
ENTFERNTE	Satz Nr.: _____
DATUMS	Satz Nr.: _____
GENANNT	Satz Nr.: _____
STATT	Satz Nr.: _____
FAST	Satz Nr.: _____
WEIT	Satz Nr.: _____
RÄCHEN	Satz Nr.: _____
VIEL	Satz Nr.: _____

199. Fragen zum Text:

1. Wie viele Schubladen verbergen sich hinter der rechten Schreibtischtür?

_____

2. Was lagert Lehrer Wacker in der Hauptschublade?

_____

3. In welcher Schublade befinden sich die noch nicht gelesenen Zeitschriften?

_____

4. Wie viele Schubladen verbergen sich hinter der linken Schreibtischtür?

_____

5. Wo bewahrt Herr Wacker das Schmierpapier auf?

_____

200. Eine Stadtführung: Prägen Sie sich den Inhalt dieser Textpassage bitte genau ein.

»Wer das alles noch einmal in Ruhe anschauen möchte, hat jetzt dazu Gelegenheit«, sagt die Fremdenführerin der Gruppe und zählt noch einmal die wichtigsten Sehenswürdigkeiten der Stadt Krems in Niederösterreich auf: das Steinertor (es ist das Wahrzeichen der Stadt), die hochmittelalterliche Gozzo-Burg des Stadtrichters Gozzo am Hohen Markt 11 und das Große Sgraffitohaus, das auf seiner bildreichen Fassade Bibelszenen aus dem täglichen Leben zeigt.

201. Verflixte Fremdwörter: Prägen Sie sich den Inhalt dieser Textpassage bitte ganz genau ein.

»Am allerliebsten nehme ich Basalmico-Essig«, sagt Inge, die Gastgeberin, zu Liselotte gewandt. Ihr Mann Max unterhält sich derweil mit Liselottes Gatten Kuno: »Was wir brauchen, ist eine flukturierende Wirtschaft«, sagt er mit Nachdruck. »Ja, genau«, gibt Kuno ihm Recht. »Nur heißt es nicht flukturierend, sondern …«

Ausgesiebt: Wählerisch addieren

Addieren Sie je Zeile die die links vorgegeben Zahlen.

a: **5, 3**   5 9 6 3 2 4 5 2 1 7 4 5 1 6   ☐

b: **8, 1, 6**   6 8 4 2 5 1 3 6 9 8 7 4 5 1   ☐

200. Fragen zum Text:

1. Welches Amt hatte Gozzo inne, der Bewohner der nach ihm benannten Burg?

_____

2. Wie heißt das Wahrzeichen der Stadt?

_____

3. Zu welchem Bundesland gehört die Stadt Krems?

_____

4. Was zeigt die Fassade des Großen Sgraffitohauses?

_____

201. Fragen zum Text:

1. Welches Wort von Max wird von Kuno kritisiert?

_____

2. Auch Inge hat es nicht so mit den schwierigen Wörtern. Was hat sie falsch gesagt?

_____

3. Wie heißt Kunos Frau?

_____

4. Wie heißen die beiden Gastgeber?

_____

5. Und können Sie auch die beiden Gäste benennen?

_____

202. Spannende Meisterschaft: Prägen Sie sich den Inhalt dieser Textpassage bitte genau ein.

Florian ist sauer: Zur Halbzeit der Saison liegt die Fußballmannschaft, bei der er als Stürmer so manches Tor geschossen hat, nur auf Platz vier der Tabelle. 18 Punkte hat die Mannschaft, und das alles nur, »weil wir das erste Spiel verloren haben!«, wettert Florian. »Danach hat es lange gedauert, bis wir uns gefangen haben: drei Unentschieden und Gott sei Dank vier Siege! Die neun Spiele der zweiten Saisonhälfte müssen wir alle gewinnen, sonst werden die Untersbacher Sportsfreunde Meister!«

203. Komplizierter Kinoabend: Prägen Sie sich den Inhalt dieser Textpassage bitte genau ein.

Drei Paare haben sich zu einem Kinobesuch verabredet, aber noch nicht auf einen gemeinsamen Film einigen können. Lisa möchte den neuesten Zeichentrickfilm sehen, und auch Gertrud ist dafür Feuer und Flamme. Doch ihren Freund Henry langweilt Zeichentrick, er braucht Action. »Klasse«, sagt daraufhin Monikas Mann Ralf, »lass uns *Am Rande des Wahnsinns* anschauen.« Doch Karl gibt zu bedenken, dass sie doch etwas gemeinsam unternehmen wollten, und plädiert für den Zeichentrickfilm: »Könnt ihr euch nicht durchringen und *Ratatouille* anschauen?«, fragt er seine Freunde.

202. Fragen zum Text:

1. Wie viele Spiele finden in einer Saisonhalbzeit statt?

_____

2. Wie viele Punkte hat Florians Mannschaft bislang erspielt?

_____

3. Welche Mannschaft darf nach Florians Ansicht nicht Meister werden?

_____

4. Auf welchem Tabellenplatz steht Florians Mannschaft?

_____

203. Fragen zum Text:

1. Wie heißt Lisas Partner?

_____

2. Wer möchte unbedingt den Zeichentrickfilm sehen?

_____

3. Wen langweilen Zeichentrickfilme?

_____

4. Wie viele Paare haben sich verabredet?

_____

5. Wie heißt Monikas Mann?

_____

204. Prioritäten setzen: Prägen Sie sich den Inhalt dieser Textpassage bitte genau ein.

Der nächste Urlaub soll etwas ganz Besonderes werden. Darüber sind sich Manuela und Peter einig. Und bis sie ein Ziel gefunden haben, wollen sie ganz sparsam leben. Manuela verzichtet für zehn Wochen aufs Rauchen, und Peter geht nur noch einmal in der Woche zu seinem geliebten Stammtisch. Statt mit dem Auto fahren sie nun mit dem Rad zum Einkaufen, und Butter muss es ebenfalls nicht mehr sein: Margarine tut es auch. Die Wäsche trocknet an der Luft und nicht im Trockner, und das Auto wird nur noch alle zwei Monate gewaschen.

205. Aktiver Nachwuchs: Prägen Sie sich den Inhalt dieser Textpassage bitte genau ein.

»Jeder von euch darf sich eine Sportart aussuchen«, erklärt Mama Gabi ihren drei Sprösslingen Eva, Helle und Martin. Eva entscheidet sich fürs Ballett, Martin für Judo und Helle für Tischtennis. Am nächsten Tag berichtet Helle, dass an ihrer Schule ein Tanzkurs angeboten wird, den sie auch gerne besuchen will. Gabi schaut ihren Mann an und denkt an die Zeit, als sie beide jeden Freitagabend zum Tanzen gegangen sind, und wie gut ihnen besonders der Foxtrott gefallen hat. »Einverstanden«, sagt Gabi. »Aber nur, wenn du in der Schule nicht schlechter wirst.«

Siebensachen für die Erinnerung

Auf diesen Prinzipien baut jedes Hochleistungsgedächtnis auf

Gedächtnistraining ist keine trockene Angelegenheit – im Gegenteil: Es ist sogar eher verrückt, verspielt, fantasievoll und emotionsgeladen. Warum das so ist, lässt sich anhand der sieben gedächtnisfördernden Faktoren belegen.

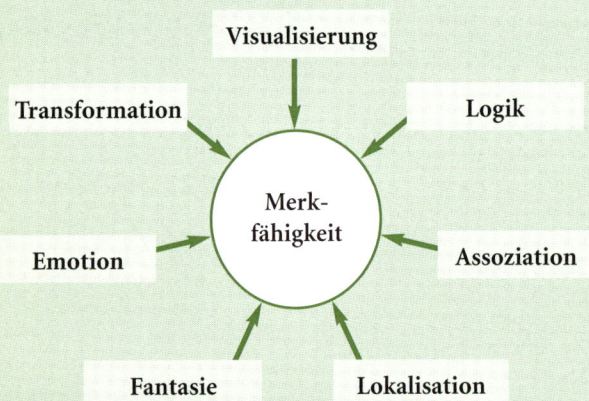

1. Logik

Das Erkennen eines logischen Prinzips kann meist das Einprägen vieler Einzelinformationen elegant ersetzen. Die Zahl 3612244896192384 beispielsweise kann man sich ganz leicht merken, wenn man erkennt, dass es sich um eine Aneinanderreihung von sich verdoppelnden Zahlen handelt (3, 6, 12, 24 usw.). Leider lässt sich solch eine Logik selten finden, und das Prinzip lässt sich deshalb nicht allzu häufig anwenden.

2. Assoziation

Neues mit bereits vorhandenem Wissen zu verknüpfen, ist dagegen fast immer möglich. Je größer die eigene Wissensbasis ist, desto leichter kann man Assoziationen finden. Beispiel: Dass Sie Ihren Fahrradunfall im Jahr 1981 hatten, können Sie leichter in Erinnerung behalten, wenn Sie dies mit dem Betrag der Fallbeschleunigung – nämlich $9,81 \, m/s^2$ – in Verbindung bringen.

3. Lokalisation

Dieses Verfahren (»Loci-Methode«) nutzt eine festgelegte Reihe von Orten, die sicher eingeprägt wird. Später verknüpfen wir Dinge, die wir uns merken wollen, mit diesen Routenpunkten. Durch das Verknüpfen von Lernstoff mit diesen Orten lässt sich sehr viel Wissen in einer bestimmten Reihenfolge merken.

4. Fantasie

Mit Kreativität und Fantasie lassen sich Eselsbrücken kreieren, wenn einem keine rationale Assoziation einfällt. Das italienische Wort für Schuh, »scarpa«, könnte man nachhaltiger lernen, wenn man sich einen Sherpa (Volk im Himalaya) vorstellt, wie er mit italienischen Designerschuhen über die Gletscher wandert.

5. Emotion

Gefühle sind das, was unser Leben ausmacht. Allem, was starke Gefühle erzeugt oder die Stimmung beeinflusst, messen wir größte Wichtigkeit zu. Daher bleiben gefühlsbeladene Situationen leichter im Gedächtnis.

6. Transformation

Hier geht es darum, Abstraktes in konkrete Bilder umzuwandeln. Die berühmte Formel **E = mc²** kann man als Laie leichter behalten, wenn man sich **E**instein im **Mc**Donalds mit **2** Hamburgern in den Händen vorstellt.

7. Visualisierung

Die menschliche Fähigkeit, sich im Geiste Bilder auszumalen, ist die mächtigste Einflussgröße fürs Gedächtnis. Ein konkretes Bild vergisst man nicht so leicht.

204. Fragen zum Text:

1. Welche Sparmaßnahmen ergreifen Manuela und Peter, um sich ihren Urlaub leisten zu können?

_____

2. Wie lange will Manuela aufs Rauchen verzichten?

_____

3. Welchen Kompromiss geht Peter ein?

_____

4. In welchen Zeitabständen soll in Zukunft das Auto gewaschen werden?

_____

205. Fragen zum Text:

1. An welchem Wochentag gingen Gabi und ihr Mann regelmäßig zum Tanzen?

_____

2. Für welchen Sport entscheidet sich Martin?

_____

3. Wie heißen die beiden anderen Kinder?

_____

4. Wer möchte einen Tanzkurs besuchen?

_____

5. Welcher Tanz hat den Eltern besonders gut gefallen?

_____

206. Fahrradunfall mit Folgen: Prägen Sie sich den Inhalt dieser Textpassage bitte genau ein.

Klaus hat Glück gehabt: Als er mit seinem Renn-rad gestürzt war, sah es zunächst schlimm aus, denn er war kurz bewusstlos. Die Sanitäter waren nach zehn Minuten zur Stelle und legten ihm vor-sichtshalber eine Infusion an. Im Krankenhaus wurde Klaus geröntgt. Nichts war gebrochen, nur Schürfwunden und Prellungen. Sein Helm hatte Schlimmeres verhindert. Die Ärzte behielten ihn vorsichtshalber zur Beobachtung im Haus, und das sollte sich als richtig herausstellen, denn in der Nacht litt Klaus an Kopfschmerzen: Es wurde eine Gehirnerschütterung festgestellt. Aber nach drei Tagen konnte Klaus wieder nach Hause.

207. Schwarze Perlen: Prägen Sie sich den Inhalt dieser Textpassage bitte genau ein.

»Black Pearls« heißt die Boygroup, die seit zwei Wochen jeden Teenie zur Raserei bringt. Ihr Hit »Eine Nacht (nur mit dir ganz allein)« ist eine Coverversion, eine Neuauflage, des Hits »Vivre à deux« von Marie Laforêt aus den 1970er Jahren. Die französische Sängerin steuert auch eine Strophe im Original bei, und Ashton (Keyboards), Mike (Gitarre), Irving (Schlagzeug) und Cooly (Bass) sind sich mit Sänger Francis einig: »Marie ist eine fantastische Musikerin und ein wunderbarer Mensch dazu!«

206. Fragen zum Text:

1. Was für Beschwerden ergaben sich nachts?

_____

2. Warum sah der Unfall zunächst dramatisch aus?

_____

3. Was für einen Unfall hatte Klaus?

_____

4. Welche Behandlung und Untersuchung wurden an Klaus vorgenommen?

_____

5. Nach wie vielen Tagen wurde Klaus aus dem Krankenhaus entlassen?

_____

207. Fragen zum Text:

1. Wie heißt Marie Laforêts Hit aus den 70er Jahren?

_____

2. Welches Instrument spielt Francis?

_____

3. Aus wie vielen Mitgliedern besteht die Band »Black Pearls«?

_____

4. Wie heißt der Schlagzeuger?

_____

208. Gewitter im Wald: Prägen Sie sich den Inhalt dieser Textpassage bitte genau ein.

Ein Blitz zuckte auf, unter grauen Wolken stand fahles Licht über den kärglichen Resten eines abgeernteten Weizenfeldes. Der Blitz hatte ein Reh erschreckt. Es reckte seinen Kopf in die Richtung, aus der der Blitzschein gekommen war, spannte die Flanken an und sprang über den Graben am Rande des Hains. Schon war es im Dickicht der Tannenschonung verschwunden, aber die Heftigkeit seiner Flucht hatte einen Bussard aufgescheucht, der nun flügelschlagend das Weite suchte.

209. Im ICE: Prägen Sie sich den Inhalt dieser Textpassage bitte genau ein.

In letzter Sekunde erreichte Vertreter Maier den ICE *Sprinter* um 6:05 Uhr nach Frankfurt. Beim Zugführer stand die Tür noch offen, Herr Maier hastete hin, lächelte zur Entschuldigung in Richtung Zugchef und bestieg Waggon 26. Er atmete tief durch und wischte sich den Schweiß von der Stirn. »Wo ist Wagen 15?«, fragte er den Zugchef nach dem Waggon mit seiner Reservierung. Ein anderer Passagier mit schwarzem Pilotenkoffer drängte sich an ihm vorbei, Maier wollte ärgerlich werden. »Am anderen Ende«, antwortete der Zugchef. Maier stöhnte auf: Ein Hindernislauf von 200 Metern lag vor ihm!

208. Fragen zum Text:

1. Wohin verschwindet das Reh?

_____

2. In welchem Zustand befindet sich das Weizenfeld?

_____

3. Beschreiben Sie möglichst genau die Reaktion des
   Rehs auf den Blitz.

_____

4. Wer oder was wird durch die plötzliche Flucht des
   Rehs aufgescheucht?

_____

209. Fragen zum Text:

1. Worauf wollte Maier ärgerlich reagieren?

_____

2. Welchen Namen trägt der ICE?

_____

3. Für welchem Waggon hat Maier eine Platzkarte?

_____

4. Welchen Beruf hat Maier?

_____

5. Wie weit musste Maier durch den Zug zu seinem
   Wagen laufen?

_____

210. Karl, der Künstler: Prägen Sie sich den Inhalt dieser Textpassage bitte genau ein.

Karl, der Künstler, geht wie immer salopp gekleidet: in Latzhose. Mona ist kleiner als Erich, der gerne breite Hosenträger und Fliege trägt. Benno erscheint im Existenzialistenlook (schwarzer Rolli, schwarze Hose, schwarze Brille) und mit Plateauschuhen, um seine geringe Größe auszugleichen. Erich findet seine Freundin schick im cremefarbenen Kostüm und glaubt, dass seine Jeans und ein schwarzes Hemd mit bunten, großen abstrakten Mustern einen guten Kontrast zu Monas Bekleidung darstellen.

211. Zeuge eines Banküberfalls: Prägen Sie sich den Inhalt dieser Textpassage bitte genau ein.

»Ich schaute mir Filmplakate in der Videothek an und sah eine rasche Bewegung, die sich im Fenster spiegelte«, erzählt der Zeuge. »Zwei Männer stürmten nebeneinander aus der Bank – beide mit blauen Tüchern maskiert. Die Tür der Bank knallte, das gab einen fürchterlichen Schlag. Der Große rannte gegen einen Kinderwagen, der umfiel. Das Baby schrie, und ein roter Ford oder Citroën bremste quietschend. Die beiden sprangen hinein, dabei verlor der Kleine seine Maske, und ich sah die Narbe auf der rechten Backe. Er hat laut geflucht. Der andere hatte dunkles, kurzes Haar.«

210. Fragen zum Text:

1. Wer trägt den Künstlerlook – Karl oder Benno?

_____

2. Wie ist Erich gekleidet?

_____

3. Ist Mona kleiner als Benno?

_____

4. Beschreiben Sie den Existenzialistenlook.

_____

5. Wer trägt ein schwarzes Hemd mit bunten Mustern?

_____

211. Fragen zum Text:

1. Welche Geräusche werden in der Zeugenaussage
   beschrieben?

_____

2. Welcher der beiden Männer trug dunkles, kurzes Haar?
   Der kleinere oder der größere?

_____

3. Welche Fahrzeuge werden erwähnt?

_____

4. Eine Person im Text schrie. Welche?

_____

212. Der Karnevalszug: Prägen Sie sich den Inhalt dieser Textpassage bitte genau ein.

Insgesamt zwei Kilometer lang windet sich der Karnevalszug mit seinen 67 Wagen durch die Stadt. Ein Narr reitet auf einem Esel voran und verkündet laut: »Macht Platz!« Hinter jedem achten Motivwagen und am Schluss folgt eine Musikkapelle. Eine Samba-Truppe macht höllischen Lärm mit ihren Pfeifen und Marschtrommeln. Von den Wagen mit den politischen Motiven wirft man Erfrischungstücher; die elf Vereine, die mitfahren, haben sich auf Bonbons für die Kinder und Schnapsfläschchen für die Erwachsenen geeinigt. Das Prinzenpaar sitzt in einem schwanenähnlichen Thron, sie werfen Blumensträußchen – und Küsschen.

213. Partygäste: Prägen Sie sich den Inhalt dieser Textpassage bitte genau ein.

Lotte studiert Literaturwissenschaft und ist die Jüngste der Gruppe. Ihr Freund Ralf hat sie zur Party begleitet. Rita, Petras beste Freundin, ist Hausfrau, hat ein Kind und bildet sich in einem Fernstudium weiter. Sie will einmal als Journalistin arbeiten. Petra hat Gabis Ex-Freund geheiratet und hofft, bald schwanger zu werden. Die Bankkauffrau Gabi hat ein Auge auf Ralf geworfen.

212. Fragen zum Text:

1. Wie viele Musikkapellen begleiten den Umzug?

2. Wer wirft Erfrischungstücher in die Zuschauermenge?

3. Wie lang ist der Karnevalszug?

4. Wer reitet dem Zug voran?

5. Mit welchen Instrumenten sorgt die Samba-Truppe für Lärm?

213. Fragen zum Text:

1. Wen begleitet Ralf auf die Party?

2. Welchen Beruf will Petras beste Freundin ergreifen?

3. Rita ist wessen beste Freundin?

4. Welches Fach studiert Lotte?

5. Wer ist die Bankkauffrau?

214. Verwirrende Modellvielfalt: Prägen Sie sich den Inhalt dieser Textpassage bitte genau ein.

Ein Auto hat die Ausstattungsvarianten L, LX und LX-GT. Alle haben Klimaanlage, ABS, Airbag und Servolenkung. Für die Modelle L und LX-GT gibt es keinen Turbodiesel, und beim L und LX ist keine Standheizung zu haben. Ein Navigationsgerät gibt's beim L nur gegen Aufpreis. Und nur der Turbodiesel hat serienmäßig Allradantrieb.

215. Migrationshintergrund: Prägen Sie sich den Inhalt dieser Textpassage bitte genau ein.

Erster Schultag für achtzehn Jungen und zwölf Mädchen. Klassenlehrerin Sandner begrüßt sie und die Eltern und schaut sich ihre Klasse an: Unter ihren Schützlingen sind ein Drittel Scheidungskinder, und sie weiß, dass die drei betroffenen Mädchen das sicher besser verarbeiten. Je ein Kind von Asylbewerbern aus Afghanistan, Nigeria, dem Kosovo und Eritrea sind dabei, die seit dem Kindergarten schon gut deutsch sprechen.

Fehl am Platz: Außenseiter

Je drei Wörter einer Zeile ähneln sich oder haben etwas gemeinsam. Welches passt nicht dazu?

1.	a: Kern	b: Herz	c: Schale	d: Sinn
2.	a: reizend	b: ätzend	c: lieblich	d: putzig
3.	a: Strecke	b: Etappe	c: Distanz	d: Trennung

Lösung: 1c, 2b, 3d

214. Fragen zum Text:

1. Bei welchem Modell gibt es nur gegen Aufpreis
   ein Navigationsgerät?

2. Welches Modell kann mit Turbodieselmotor
   geordert werden?

3. Bei welcher Ausführung fehlt die Klimaanlage?

4. Bei welchem Modell kann man Standheizung ordern?

5. Welche Version bietet Allradantrieb?

215. Fragen zum Text:

1. Wie heißt die Klassenlehrerin?

2. Wie viele Jungen sind Kinder von geschiedenen Eltern?

3. Wie viele Kinder von Asylbewerbern sitzen in der
   Klasse von Frau Sandner?

4. Ordnen Sie die Länder, aus denen die Kinder der
   Asylbewerber kommen, nach dem Alphabet:

216. Drei Sätze III: Lernen Sie diese Sätze und ihre Reihenfolge möglichst schnell auswendig.

1. Mit zirka 240.000 Einwohnern ist sie die zweitgrößte Stadt und eines der Oberzentren.

2. Bis heute sind die U-Boote ein wichtiger Bestandteil der nuklearen Abschreckung.

3. Das Klima ist tropisch feucht mit einer Durchschnittstemperatur von 22,5 °C.

Falsch verbunden? Himmelsgebilde

Wenn man die Punkte in der Darstellung links mit geraden Linien verbindet, welche »Sternbilder« könnten dann daraus entstehen?

  1 2 3 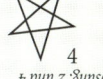 4

Lösung: 2 und 4

217. Ladendieb: Prägen Sie sich den Text genau ein.

Der 16-jährige Silas steht vor Gericht. Er und seine Freunde Tom, Eugen und Lars haben in einem Elektrogeschäft geklaut. Sie haben CDs eingesteckt, DVDs, Kopfhörer und Batterien. Der Hausdetektiv hat's gesehen und Silas festgehalten. Der Vorsitzende Richter Köhler hört dem Verteidiger zu: Silas habe doch nur dem Gruppenzwang gehorcht, sich aber längst entschuldigt und angeboten, durch Mitarbeit im Geschäft den Schaden wiedergutzumachen.

216. Folgende Wörter sind in jeweils einem
der drei Sätze enthalten. Notieren Sie jeweils
die Nummer des Satzes.

HEUTE	Satz Nr.: _____
FEUCHT	Satz Nr.: _____
SIE	Satz Nr.: _____
SIND	Satz Nr.: _____
VON	Satz Nr.: _____
MIT	Satz Nr.: _____
STADT	Satz Nr.: _____
DAS	Satz Nr.: _____
NUKLEAREN	Satz Nr.: _____
STADT	Satz Nr.: _____

217. Fragen zum Text:

1. Wer führt den Vorsitz der Verhandlung?

_____

2. Was war die Beute des Diebstahls?

_____

3. Welche Punkte führt der Verteidiger zugunsten
   von Silas an?

_____

4. Wie alt ist Silas?

_____

5. Wie heißen übrigen Mitglieder von Silas' Clique?

_____

218. Der Linienbus: Prägen Sie diesen Text ein.

Zwölf Stationen bedient die Buslinie 8 zwischen Hauptbahnhof und der Endstation *In den Höfen*. Um 13:07 Uhr ist er voll besetzt mit Schülern: Auf 65 Kinder schätzt der Fahrer ihre Zahl, dazu zwei Frauen mit Kinderwagen und die alte Erna, die oft den ganzen Tag im Bus verbringt, wie er aus Gesprächen mit Kollegen weiß.

219. High Noon: Prägen Sie diesen Text ein.

»So können wir uns nicht verfehlen: Der Wipfel dieses Baums ist verdorrt, wächst also nicht mehr. Wenn um die Mittagszeit der Schatten der Eiche gerade fünfmal die Länge meines Bruders hat, wird Winnetou dort ankommen. Howgh!«

(Häuptling Winnetou in:
Karl May, *Old Shurehand I*)

220. Drei Sätze IV: Lernen Sie diese Sätze und ihre Reihenfolge möglichst schnell auswendig.

1. Brian ist verheiratet und lebt heute mit seiner Frau und ihren drei Kindern in Tokio.

2. Der Baum ist dem kühlen deutschen Klima angepasst, robust und wüchsig.

3. Das einzelne Blatt nennt man Abzug, die Gesamtzahl der Abzüge heißt Auflage.

218. Fragen zum Text:

1. Wann startet der Bus an der Haltestelle Hauptbahnhof?

_____

2. Wie heißt die Endstation?

_____

3. Wie viele Haltestellen liegen zwischen Hauptbahnhof
   und Endstation?

_____

219. Fragen zum Text:

1. Von welcher Baumart ist die Rede?

_____

2. Wie lang soll der Schatten des Baums beim
   nächsten Treffen sein?

_____

220. Folgende Wörter sind in jeweils einem
der drei Sätze enthalten. Notieren Sie jeweils
die Nummer des Satzes.

ABZUG   Satz Nr.: _____

KÜHLEN   Satz Nr.: _____

WÜCHSIG   Satz Nr.: _____

DREI   Satz Nr.: _____

HEUTE   Satz Nr.: _____

EINZELNE   Satz Nr.: _____

NENNT   Satz Nr.: _____

221. Einfach fotografieren: Prägen Sie sich den Inhalt dieser Textpassage bitte genau ein.

Aus der Gebrauchsanweisung einer Digitalkamera: »Drücken Sie die Auslösertaste halb hinunter. Die Kamera gibt dann einen kurzen Doppelpiepton ab und fokussiert auf das Objekt. Der Autofokus-Rahmen auf dem LCD-Monitor wird kleiner und das Sucherlämpchen (grün) schaltet von Blinken auf ununterbrochenes Leuchten um.«

Lückenhaft: **Wörterkarussell**

Welche Buchstaben müssen in die leeren Felder eingesetzt werden, damit im oder entgegen dem Uhrzeigersinn Wörter zu lesen sind?

	P	A
I	1	E
K	O	S

	I	N
R	2	A
A	M	L

E		P
R	3	A
E	D	N

	I	P
E	4	E
M	I	E

Lösung: 1. Aprikose, 2. marginal, 3. Expander, 4. Epidemie

222. Alltagseinkauf: Prägen Sie sich den Inhalt ein.

Max geht einkaufen. Im Geldbeutel: ein 10-Euro-Schein, ein 5-Euro-Schein, zwei 2-Euro-Münzen, zwei 1-Euro-Münzen, eine 50-Cent-Münze. Beim Bäcker kauft er ein halbes Brot für einen Euro und bezahlt passend. Im Supermarkt kauft er 150 g Wurst (1,16 €), einen Liter Bio-Milch (–,85 €) und ein Pfund Kaffee (3,99 €). Diesen Einkauf bezahlt er mit dem 10-Euro-Schein.

221. Fragen zum Text:

1. In welchem Moment gibt die Kamera einen kurzen Doppelpiepton ab?

_____

2. Was macht die Kamera, nachdem sie den Doppelpiepton abgegeben hat?

_____

3. Wie macht sich das auf dem Monitor bemerkbar?

_____

222. Fragen zum Text:

1. Wer geht einkaufen?

_____

2. In welches Geschäft geht er zuerst?

_____

3. Womit bezahlt er im Supermarkt?

_____

4. Wie teuer ist der Aufschnitt?

_____

5. Wie viel Geld hat der Junge noch im Geldbeutel, als er zu Hause angekommen ist?

_____

6. Wie viele 1-Euro-Münzen hat der Junge zu Beginn in seinem Geldbeutel?

_____

Trainings-Doppel VI

*In dieser Übung sollen Sie zunächst einen Satz aus-
wendig lernen. Verdecken Sie diesen dann und lösen
Sie die Kopfrechenaufgabe darunter. Anschließend
notieren Sie im untersten Feld aus der Erinnerung
von allen einzelnen Wörtern des auswendig gelernten
Satzes jeweils den zweiten Buchstaben.*

---

1. Im engeren Sinne versteht man unter der Renaissance eine kunstgeschichtliche Epoche.

$26 - 9 = $ _____

---

2. Das Gebiet des heutigen Italien war in der Antike die Kernregion des Römischen Reiches.

$13 + 15 + 18 = $ _____

---

3. Die Ausweitung des Kriegs auf die USA und Asien erfolgte durch den Angriff auf Pearl Harbor.

$7 \times 13 = $ _____

---

4. Die *Kritik der reinen Vernunft* ist eines der wichtigsten Werke der abendländischen Philosophie.

$23 \times 19 = $ _____

Bücher, die weiterhelfen

Geisselhart, Roland R.;
Burkart, Christiane:
Spielend leicht zum
Supergedächtnis.
dtv, München

Geisselhart, Roland R.;
Kießling, Cordula:
Gute Noten mit legalen
»Spickzetteln«.
dtv, München

Geisselhart, Roland R.;
Zerbst, Marion:
Das perfekte Gedächtnis.
dtv, München

Karsten, Dr. Gunther;
Kunz, Martin:
Erfolgs-Gedächtnis.
Goldmann Verlag, München

Kasten, Erich:
Lesen, merken und erinnern.
verlag modernes lernen,
Dortmund

Kasten, Erich:
Übungsbuch Hirn-
leistungstraining.
verlag modernes lernen,
Dortmund

Miltner, Frank; Kolb, Klaus:
Gedächtnis-Training.
GRÄFE UND UNZER
VERLAG, München

Miltner, Frank; Kolb, Klaus:
Gedächtnis-Training für den Job.
GRÄFE UND UNZER
VERLAG, München

Schumeckers, Franz-Josef:
50 Schritte zum besseren
Gedächtnis. Für Senioren.
moses. Verlag, Kempen

Schumeckers, Franz-Josef:
50 Schritte zum besseren
Gedächtnis. Namen
und Gesichter.
moses. Verlag, Kempen

Schumeckers, Franz-Josef:
50 Schritte zum besseren
Gedächtnis. Nummern
und Zahlen.
moses. Verlag, Kempen

Simon, Martin:
Das Denkspiele Riesenbuch,
Verlagsgruppe Weltbild,
Augsburg

Simon, Martin:
Das Superbuch IQ-Trainer,
Franzis Verlag, Poing

Simon, Martin:
Gehirn Jogging.
500 knifflige Denkspiele.
Franzis Verlag, Poing

Simon, Martin:
Pocket Quiz Gedächtnistraining.
moses. Verlag, Kempen

Simon, Martin:
Pocket Quiz Logisches Denken.
moses. Verlag, Kempen

Simon, Martin:
Pocket Quiz Rhetorik.
moses. Verlag, Kempen

Adressen, die weiterhelfen

**Gesellschaft für
Gehirntraining e. V.**
Postfach 1420
85555 Ebersberg
www.gfg-online.de
Zeitschrift: *Geistig fit*

**MemoryXL
Europäische Gesellschaft
zur Förderung des
Gedächtnisses e. V.**
Boris Nikolai Konrad
Ruhrblick 16
45529 Hattingen
www.memoryxl.de

**Bundesverband
Gedächtnistraining e. V.
(BVGT e. V.)**
Friedensweg 3
57462 Olpe-Dahl
www.bvgt.de

**Österreichischer Bundes-
verband für Lern-, Denk-
und Gedächtnistraining und
multimodale biografie-
orientierte Aktivierung
(ÖBV-GT)**
Thunstraße 5
5400 Hallein
Österreich
www.gedaechtnistraining-
oebv.at

**Schweizerischer Verband für
Gedächtnistraining**
Marlis Türler
Kapfsteig 54
8032 Zürich, Schweiz
www.gedaechtnistraining.ch

Internet-Links

www.ahano.de/?kom=14
Hier finden Sie viele Denkspiele
sowie Konzentrations- und
Gedächtnisübungen, interaktiv
aufbereitet.

www.gedaechtnistraining.net
Etwas Gehirnjogging und ein
interaktiver Gedächtnistrainer.

**www.gesundheitpro.de/
Gehirn-Jogging-Lust-am-
Lernen-Gehirnjogging-
A050805ANOND010044.html**
Viel Gehirnjogging und auch
visuelle Gedächtnisübungen.

www.memoryxl.de
Vom Verein für Gedächtnistraining. Die Website wird von
vielen bekannten Gedächtnis-
meistern betrieben.

www.methode.de
Interessantes zum Thema
Gedächtnis, übersichtlich
dargeboten.

www.schwabe.de/mental-aktiv
Viele Übungen zum
Ausdrucken.

Wichtiger Hinweis

Der Inhalt dieses Buchs ist sorgfältig recherchiert und entspricht dem aktuellen Stand. Abweichungen wegen nach Drucklegung eingetretener Entwicklungen sind nicht auszuschließen. Autor und Verlag übernehmen keine Haftung für eventuelle Nachteile oder Schäden, die aus im Buch gegebenen Hinweisen resultieren.

Der Autor

Martin Simon studierte Volks und Betriebswirtschaft, als er zufällig bei sich selbst die positive Erfahrung machte, dass spielerisches Gehirn- und Gedächtnistraining erstaunliche Leistungssteigerungen bewirkt. Er sah dies als Geschäftsidee und gründete 1996 mit seiner Zeitschrift BRAIN – Der Gehirntrainer einen Verlag. Später konzentrierte er sich auf den Dienstleistungsaspekt. Seither schreibt und gestaltet er Denkspiele und Rätsel aller Art. Viele Zeitschriften und Bücher aus dem Denksportbereich entstammen seiner Feder.

© 2008 GRÄFE UND UNZER VERLAG GMBH, München
Alle Rechte vorbehalten. Nachdruck, auch auszugsweise, sowie Verbreitung durch Film, Funk, Fernsehen und Internet, durch fotomechanische Wiedergabe, Tonträger und Datenverarbeitungssysteme jeder Art nur mit schriftlicher Genehmigung des Verlages.

GRÄFE UND UNZER VERLAG,
Redaktion Leben & Lernen
Grillparzerstr. 12
81675 München

Programmleitung:
Christof Klocker

Leitende Redaktion:
Anita Zellner

Redaktion: Ina Raki

Lektorat: Martin Knipping

Innenlayout: Martin Knipping

Illustrationen und Fotos:
Martin Simon,
© 2008 Jupiterimages

Umschlag:
independent Medien-Design

Titelillustration:
Wai/Die Illustratoren,
corinna hein

Herstellung: Renate Hutt

Satz: Knipping Werbung GmbH, Berg/Starnberg

Repro: Penta Repro, München

Druck und Bindung:
Druckerei L. Auer, Donauwörth

Umwelthinweis
Dieses Buch wurde auf chlorfrei gebleichtem Papier gedruckt. Um Rohstoffe zu sparen, haben wir auf Folienverpackung verzichtet.

ISBN 978-3-8338-0966-8
2. Auflage 2009

GRÄFE UND UNZER

Ein Unternehmen der
GANSKE VERLAGSGRUPPE